果てしなき渇き

无尽渴望

〔日〕深町秋生 著　　李讴琳 王皎娇 译

百花洲文艺出版社
BAIHUAZHOU LITERATURE AND ART PRESS

图书在版编目（CIP）数据

无尽渴望/（日）深町秋生著；李讴琳，王皎娇译.
—南昌：百花洲文艺出版社，2015.8
ISBN 978-7-5500-1128-1

Ⅰ.①无… Ⅱ.①深… ②李… ③王… Ⅲ.①推理小
说-日本-现代 Ⅳ.① I313.45

中国版本图书馆 CIP 数据核字（2015）第 173775 号
江西省版权局著作权登记号：14-2015-0173

出 版 者 百花洲文艺出版社
社　　址 南昌市红谷滩世贸路 898 号博能中心 9 楼　**邮　　编**　330038

书　　名 无尽渴望
著　　者 〔日〕深町秋生
译　　者 李讴琳　王皎娇
出 版 人 姚雪雪
责任编辑 游灵通　郝玮刚
特约编辑 王皎娇
美术编辑 汪佳诗
经　　销 全国新华书店
制版印刷 宁波市大港印务有限公司
开　　本 890mm×1240mm　1/32
印　　张 10.25
字　　数 180 千字
版　　次 2015 年 8 月第 1 版
印　　次 2015 年 8 月第 1 次印刷
定　　价 39.00 元
书　　号 ISBN 978-7-5500-1128-1

序　章

男人用毛巾擦掉满脸雨水，发动了汽车。

雨刮器把挡风玻璃上的雨水一扫而光，而雨滴依然借着风势不断地敲击车窗。视野无限接近于零。黑暗和四周的灯光交融在一起。

他用无线电对讲机联系通信中心汇报情况。客户外出旅行，家中无人，却没有锁好窗户。暴风雨使窗户大开，导致警报器误响。这样的台词，不知今晚已经重复了多少遍。

8月，台风季节提前到来。一入夜，湿热感便愈发强烈。对于这个从事安保工作的男人来说，今天的忙碌是前所未有的。被风刮起的碎木片与鸟儿直接撞向楼房和民居的窗户玻璃。感应器频繁地通报异常状况。原本应该在事务所值班的他，自从傍晚出外勤，就再也没有回去过。

眼睛下方大大的黑眼圈表明，夜班的工作已经开始让他的身体吃不消了。他单手握住方向盘，略微放松僵硬的肩膀。踩油门的脚发软，眼球的底部好像有个硬疙瘩，有时候连对准焦点都很吃力。上年纪了。男人叹了口气，似乎已经看透了人生。

对讲机里又传来了新的报警信息。他打心底里感到厌倦，但还是拿起了话筒回复。因为所有的工作人员都在满负荷工作，所以他也没法抱怨。已经是半夜两点了，他却忙得连饭都还没来得及吃。

地点是"5 号超市"深作店。这是一家 24 小时营业的便利店，位于 16 号国道附近的住宅区，距离男人所在的东大宫非常近。对讲机中说，他们已经向距离最近的警察局报案了。混蛋。男人心想，恐怕又要和那帮熟人碰面了。

他到达了这片正在进行区划调整的新兴住宅区。透过雨滴，便利店橙色的灯光隐约可见。在紫色的诱虫灯旁，红色的警灯在不断旋转。停车场里有两辆车，便利店屋檐下停着一辆小型摩托车。

他把丰田停在停车场，戴上了扔在后座上的头盔，打开了车门。侧面刮来的雨滴噼里啪啦地敲击在头盔的挡风玻璃上。原本就已淋湿的衬衫袖子更是吸足了雨水，粘在皮肤上。

毛骨悚然。

在大雨中，商店的玻璃门敞开着。亚麻地板被雨打湿了，摆放在入口附近的报纸因为风吹雨打变成了黑色。没有一个人影，连收款台都没站着店员。意识到自己还在淋雨，他跨进了店里，从腰间拔出了配备的警棍。他一踩上除尘地毯，雨水立刻从里面渗了出来。

男人屏住气息走近收款台，探身往里一看，大吃一惊。

一名身穿红色制服的青年蜷缩在里面，身上的蓝色牛仔裤已经变成了黑色。收银机和收款台上留下了似乎是用手指胡乱涂抹的红色油漆。收银机的钱箱开着，零钱散落得到处都是。

"喂！"

男人奔向青年。途中，他发现有人横倒在地，那是一名扎着褐色马尾辫的中年女性。她身穿无袖衬衫和短裤，打扮得简单而朴素。她的购物篮被扔在一边，用来下酒的零食、宠物罐头撒得到处都是。

男人在店里转了半圈，发现一个戴眼镜的少年倚在奶制品货架上，纹丝不动。

"有人吗？"

尽管男人对尸体有免疫力，可他的声音里依然夹杂着不安和恐惧。他逃离悄悄逼近的惨状，踢开通往后院的门。一种无来由的亢奋和恐惧向他袭来。那是个暴露着混凝土和钢架的狭小仓库，果汁和方便面的纸箱堆成了山。他确认这里一个人都没有，便松了口气，同时也感到一阵沮丧。他掀开头盔的挡风玻璃，用袖子擦干额头上滴下的汗水。

超级幼兽的引擎声由远及近地传来。他走出后院，看见两名警察站在那里。年轻的那位身穿黑色雨衣，僵直地站在便利店门口，像尊石像。另一位三十来岁，肚子凸起。男人认识他，他是在车站前派出所值勤的警察。

男人向他点点头。年轻警察看了一眼收款台里的店员，发出了少女般的惊声尖叫。中年警察手握无线对讲机的话筒，声音急迫。几十分钟后，或许整个停车场都会被赶来的警车所淹没。

男人感到心烦。机动搜查队再加上第一搜查科和辖区警察，这得碰上多少熟人啊。他顶着倾盆大雨，离开了便利店。他取下头盔，拿起了车里的对讲机话筒。嘈杂的警笛声不绝于耳，似乎要压过哗哗作响的雨声。

1

汗水渗进了眼睛。

藤岛秋弘用袖子擦了把脸。太阳和柏油路的反射光毫不留情地持续烘烤着身体，汗水滴落在地面上藤岛轮廓分明的影子上。这是埼玉市大成町一家大型购物中心的某个角落。他们在回收商店门口 ATM 机中的现金。回收工作由年轻的中川承担。

身高一米八的藤岛担任警戒工作，他手握警棍，不露痕迹地威慑四周。头盔、夹克、皮套的全副装备，把暑热的人间变成了地狱。

每当自动门打开，挂在玄关的风铃就会奏出一阵清凉。蝉在远处的公园拼命鸣叫，仿佛暗示着秋天的到来。在这特卖日的黄昏，可以停放数百辆汽车的混凝土平原被尾气升腾的车流所淹没。每当车辆从身边经过，都带来一股让人战栗的热气。中川把现金装箱，锁好 ATM 机，钻进了银色的运输车。

冷气开到了最大挡。紫外线依然透过玻璃火辣辣地刺痛肌肤。蓝色的制服被汗水湿透，露出斑斑汗迹。香烟熏蒸着车厢，将满车的汗臭和尼古丁发霉的气味中和在一起。两个人都没怎么开口说话。今天就算是回收完现金，接下来也还有夜班在等着呢。

或许是由于耐不住这样的沉默，中川打开了收音机。这让藤岛备感厌烦。收音机里播放的新闻节目，恰巧又在谈论那天的案子。

三个人被残忍杀害的便利店抢劫案，又或是伪装成抢劫的多人谋杀案已经过去一周时间了，警方仍然未能确定嫌疑人。广播没有过多谈论此事，马上转到了下一个话题。作为新闻，这件事的价值恐怕早就开始减弱了。被当成消费品的轰动事件——为了少量的金钱，罪犯竟然无差别地杀害了三个人。警方吹吹风，媒体就应声而起，暗示这是亚裔外国人犯下的罪行。而这个话题也不知何时起变得不了了之，演变成了对外国人的偏见和排斥问题。

"刑警今天也还会来吧？"中川开口问道。

"不知道。"藤岛目光涣散地望着窗外，心不在焉地回答道。

"犯人到底会是谁呢？"

"是啊，会是谁呢？"

"依我看还是外国人。不是说营业额才大约八万日元吗？为这点小钱就杀害三个人，依我们来看，也太不合情理了吧？真是搞不清楚他们的想法。"

藤岛天天都在想这个案子。野兽般的气味和愚蠢的背景音乐在脑中萦绕，总也无法驱散。藤岛是第一个到达现场的人。在这一周时间里，他多次梦见被害人。他必须服用大量的安眠药才能驱赶这些画面。没有目击者，没有物证，被害人没有共同点。罪犯的人数没有公布。和被害人人数相同，或许更多。不，是独立作案。媒体总是随随便便地瞎写一气。

犯下这些罪行的，是一个人，两个人，还是更多的人？还没有出现任何让人信服的信息。

能够确定的事情有两件。一是罪犯很冷静。据说，在屠戮了三个人之后，罪犯拔出了监视器摄像机里的录影带。二是按响警报器的是店员。他耗尽全身最后的力量按下了按钮。如果警报再早响几分钟，藤岛自己也一定会成为第四名被害人。他浑身直冒冷汗，不寒而栗。死亡，从来没有如此逼近过自己。

信号灯变红了，中川把变速器换到空挡。

"不过藤岛啊，你的运气也真是坏到家了。这还是因为你负责的地盘太大了，久行夜路必遇鬼啊。真是太危险了。"

"我也不乐意管那么多地方呀。"

"所长中意你呗。"

在保安公司谋到职位还不到一年，可是藤岛已经负责埼玉市东部很多地方了。这样的工作量，连精力过剩的老手都应付不过来。他的上司——所长却轻描淡写地说："藤岛，你是能处理好的，对吧？"这位上司和他脾气不对路。

中川探过身说道："那么，实际情况究竟如何呢？"

"什么究竟如何？"

"拜托，你就告诉我吧。你没从过去的同事那儿听说些什么吗？我可是下了两万日元赌注的哦，赌这案子是外国人干的。"

藤岛把香烟按进烟头堆成山的烟灰缸里。

中川接着说："藤岛，你自己也相当关心吧？刊登了这件案子的报纸、杂志，听说你都一个劲儿地买来了。你从前的热血又再次沸腾了吧？"

中川下流地笑了起来。谁都瞧不起藤岛。可这又有什么关系呢？他露出迎合的笑容。精神科医生开的镇静剂已经把他的愤怒扼杀在了萌芽状态。

"不巧啊，他们已经不把我当成自己人啦。"

"可是，以前的事情你还是难以忘记吧？"

"忘记得越来越多了。"

"你就算是推推理也行啊。我听说了，你原来可是个干将哦。"

"要真是那样，我还会待在这儿吗？"

"话倒是没错。"

中川握着方向盘，满脸都是毫不掩饰的失望。信号灯刚一变绿，他就狠狠地踩下了油门，猛地缩短了和前车的距离，接着又故意来了个急刹车。

"你别这么欺负人。"

藤岛又点燃一支烟，再次将目光转向了窗外。中川继续粗野地开着车，按照导航的指示穿过东北线，绕过大宫公园。

观众们从公园的自行车赛场里走了出来。拿着啤酒、"一口杯"① 清酒的男人们随意地坐在地上。藤岛仿佛看见了坐在那里小酌的自己，也看见了死亡的自己。他对案子不可能不感兴趣。就算服用了镇静剂，他依然无法躲避突然呈现在眼前的噩梦。

---

① 酿酒企业大关公司的一种日本酒的商标，酒装在杯状容器中，开盖后直接饮用。

他们把回收的现金交给银行，回到了事务所。藤岛就职的大型警卫公司位于 16 号国道旁，拥有宽敞的停车场，是一座灰色的建筑物。他们把运输车停在屋檐下，来到二楼的事务所。刚一进门，就看见头发花白的所长扬起脸，用下巴指了指会客室，露出一脸的厌烦。

　　一名窝在黑色皮革沙发里的男人站起了身。那是身材矮小、脖子粗短的浅井，活脱脱的一个不倒翁。另一个男人是搜查一科的，肩膀宽宽的高个子。他们俩一起来找过藤岛好几次。浅井站着不动，低着头。一科的男人没有站起来，他就是扮演这样的角色。浅井依然低着头，说道："不好意思啊。"

　　藤岛一屁股坐在沙发上："我就知道你们要来。"

　　"是的。"

　　"那么，你们有何贵干？"

　　"我们还是来询问一下现场情况，对受害者的人际关系进行调查。"

　　"你们是要我把当天的行动再从头说一遍吗？"

　　浅井点了点头。

　　"真是够烦人的。"

　　"股长……"

　　"谁是股长啊？"

　　"对不起。"

　　"回去看笔录吧。全都在上面了。"

　　"全部？"一科的男人歪着脸，从靠背上直起身来说道。

藤岛长时间地注视着这个男人。朝天的鼻孔，厚厚的眼皮。这是一科男人典型的嘴脸，别人的心情，对于他们来说连个屁都不如。

"赶到现场的巡警说了，你是从便利店的后院里出来的。你都干了些什么？"

"自己回去看笔录！"

"店员或许还有口气，你却袖手旁观！"

"……"

"你的出现，距离犯人逃跑仅仅只有几十秒，你一定看见什么了！"

藤岛一口喝光桌上的大麦茶，站起身来。

"喂，我还没说完呢！"男人用恫吓的口吻咆哮道。事务所的空气凝固了。

浅井用责备的目光看了看他。浅井卫巡查部长①，任职于大宫警察局刑事科一组。直到一年半以前，他和藤岛是搭档。

男人翻着白眼，恶狠狠地盯着藤岛："如果闯进现场的不是你，我们也不用跑这么多次了。你是个被开除的刑警，对警方怀恨在心。我不能说你盗取物证，但是你如果在证词上有所隐瞒，也没什么好奇怪的。上面的人就是这么想的。"

"不是开除，是批准我辞职。"

"不管是哪一种，你肯定都不服气。我理解你的想法。要说起重大刑事案件组的藤岛警部补②，那也是小有名气的。虽然现在

---

① 日本警察级别，由低到高的第三级。
② 日本警察级别，由低到高的第四级。

9

有人把你说得一文不值，但在当时，进入搜查一科对于你来说也是近在眼前的。你不觉得自己很倒霉吗？"

浅井插话说："河岸，换个地方吧。如果还有时间的话。"

"在这里就够了。"藤岛叼着烟说。他把待客用的大号烟灰缸拉到身前。男刑警盯着烟灰缸，目光充满警惕。

"我明白你的想法，我也有家。人没多大出息，也不知道什么时候才回得了家。成天都搜查搜查的，忙得受不了。家里出点事也不足为奇。"

藤岛仔细听着男人的话，静静地笑了笑。镇静剂确实有效果，可他还是忍不住握紧了配备的特殊警棍。

"够了！"浅井表情僵硬地说。不知他是在责备男刑警，还是在警告藤岛。

男刑警轻咳一声说："我没打算旧事重提，也没跟你耍手段。我就是想问问，你后来有没有想起些别的。"

"去看笔录，全都在上面了。"

两人都恶狠狠地盯着对方。在一阵僵持之后，男刑警猛地站起身，走出了事务所，地板被他踩得咚咚作响。

"对不起。"浅井恭敬地低下了头。

"没关系。"藤岛望着塞在烟灰缸里的好几个烟头，完全笑不出来。这个搜查一科的男人，让他似乎看见了曾经的自己。

浅井换了个话题问道："后来怎么样了？"

"什么怎么样了？"

"您家里……"

"嗯……"藤岛靠在沙发上，从来没有感受过的疲倦无休无止地向他席卷而来，"我辞职后和她离了婚，什么都归她，包括女儿。"

"您女儿是在读高中吧？"

"这一年我就没见过她。"

"哦。"浅井为了避免冷场，继续说道，"下次请来我家吧。"

"嗯？"

"我让老婆做好饭等您。"

藤岛把香烟塞进烟灰缸，点了点头。

浅井高兴地笑了。藤岛绝对不是个好管闲事的人，性格也不讨人喜欢。虽说他和浅井曾经是搭档，但他并没觉得两个人有多投缘。

"告辞了。"他点头哈腰地说。

藤岛埋着头轻轻挥挥手，目送他出去。他无法直视浅井。那种充满了怜悯的目光，他已经打心底里受够了。

2

　　安静的夜晚。一周前如同玩具箱被打翻了一般的雷雨，以及案件引发的动荡与不安，像谎言一样消失得无影无踪。保持沉默的无线电对讲机，让正在写报告的藤岛放下了心。那帮年轻人也在兴致勃勃地玩着电子游戏。

　　电话响了，他忽然抬起了头。视野里出现的是那家便利店。倚在货架上的少年，正在不断地滴血。

　　"……嗯。插上卡，然后输入密码。对，对。"一个年轻职员随意地回答道。或许是哪家店的临时工搞错了上锁的方法。他按照指南进行了答复，然后再次握住了游戏机的手柄。

　　"你如果在证词上有所隐瞒，也没什么好奇怪的。"搜查一科男人的话又一次在藤岛的耳边回响。他绝对没有任何隐瞒。那天晚上的情景，他不知道回忆过多少次。罪犯就在他赶到超市的前一秒逃走了。他试图在记忆里找到罪犯逃窜的身影、汽车的踪迹，或是其他任何东西，但是强风刮来的雨点，遮挡了所有的一切。

　　又来了一个电话。没有紧张感，也没有丝毫悸动，眼前的尸体也消失了踪影。

"藤岛，"年轻职员摇晃着话筒，"是你太太打来的。"他的眼睛因好奇而灼灼发光。

就在短暂的一瞬间，藤岛感觉热血沸腾。或许是因为药效减弱了。他十分清楚自己易于激动。但他依然打定主意，如果是性质恶劣的恶作剧，他一定要杀了这个毛头小子。藤岛一边在心里盘算着如何将他打翻在地，一边接过了听筒。

"喂。"

没有反应。

"喂。"

他知道自己的脸色已经变得铁青。就在他握紧拳头的那一刻，耳边传来了略带迟疑的声音。

"是我。"

藤岛轻轻地深吸了一口气，实在是不知道该如何回应。和她已经有好几个月没有见过面了。调解已经结束，连见面的理由都没有了。他也做好了从今往后永远不与对方再见的思想准备。

"还好你在。突然给你打电话，很抱歉。可是……"她在努力地伪装冷静。

"怎么了？"

"我找你有事。"

"有事？"藤岛就像在鹦鹉学舌，"事到如今，还有什么事？"

他感到自己的自制力正在瓦解。就在确定何时辞去警察工作的同一天，他收到了离婚协议书。辞职源于他所引发的事件。她在事件发生的第二天离开了家，还把女儿加奈子也带回了娘家。

为了好好协商，他不知道打过多少次电话，上门拜访过多少回。但是，直到他在寄来的离婚协议书上盖章，也没能见上她一面。

"求求你，别挂电话。你听我说，求求你！"

前妻桐子的声音显得很异样，就像是被逼到了绝境。出人意料的情况，在他混沌的脑中拉响了警报。桐子的声音带着哭腔，容易冲动的她常常会这样。

藤岛回应道："你说。"

"是关于加奈子。"

"你等一下。"藤岛挂了电话，离开办公桌走向更衣室。他在好奇的视线中穿过黑黢黢的走廊，伸手摸到存放在储物柜里的外套。

他从前胸的口袋里拿出手机，打开电源，又从铝制包装里取出三片药，放进了嘴里。在这个和警察局一样特别注重男子气概和体格的公司，服药是绝对不能被人发现的行为。这么久没有和桐子说过话，他难以抑制自己的兴奋，也为此而咒骂自己。他甚至感到自己很可怜，居然会像十几岁的少年那样心跳加速。

打电话之前，他做好了迎接震惊和打击的准备。他脑中浮现出了女儿的身影。她应该满十七岁了，在浦和的女子高中读书。她成绩优秀，打算报考东京都内的国立大学。

还有就是……然而，无论他如何绞尽脑汁，能够想起来的只有这些。信息量如此之少，连他自己都倍感吃惊。他当刑警的时候总是一门心思地工作，从未顾及过家人。

他把电话打到了桐子居住的高档公寓。这套藤岛购买的公寓曾经是他的家，在协议离婚的时候给了桐子。冷静！他一边提醒自己，一边按下了通话键。电话铃还没响满一声就接通了。

"加奈子怎么了？"

"她不在你那里吗？"

"你说什么？"

"求求你，别把她藏起来！"

"开什么玩笑？"藤岛条件反射似的吼了起来。他的努力暴露在危机中。桐子不再说话，开始啜泣。他眼前出现了桐子单手握着话筒，胳膊肘撑在桌上，双手抱头的样子。这个身影，他见过的次数多得像星星一样数不清。

"发生什么事了？加奈子怎么会到我这里来呢？你一件件说清楚！"

"……她不在家。她没回来！"她的叫声中充满了不知所措，也嗅得到内心盘算的味道。

"你以为我在报复你？你可别看错人了！"

"我不是这个意思……"

"你撒谎！你真认为加奈子会到我这里来？她可绝对没有站在我这边。你要认为是我绑架了加奈子，就干脆直截了当地问！"藤岛对着手机喋喋不休。桐子一时间无言以对，擤了擤鼻涕。液晶屏幕上的通话时长5秒、10秒地不断累计。

他在想着加奈子。小巧的脸蛋、纤细的身材、颜色偏浅的大眼睛，还有和母亲更为相似的薄嘴唇和细鼻梁，是一副让人感觉有些神经质的长相。连他这个当父亲的，都觉得女儿是个美少女。如果她能和自己多交流一些，或许藤岛会为这个女儿感到自豪。

他在为数不多的记忆片段中反复挖掘。那是在她大概12岁左右。好几个亲戚都劝说她升入私立中学，只有藤岛一个人反对。那时候他们刚刚买下公寓，学费不是他一个刑警能够承受的。身为地方银行高管的老丈人炫富般的经济支援，也是他难以忍受的。加奈子自己也不愿意和升入市立中学的朋友们分开，因此这件事就不了了之了。

这件事成了他和家人的人生分叉点。一直都热衷于教育的妻子开始工作。她利用父亲的关系，成了地产公司的职员。她似乎是尝到了工作的甜头，天黑之后还不归家的日子越来越多，有时候甚至到了半夜都不回家。最终，这样的日子成了常态。她放弃了夫妻关系，对女儿也放任自流。他们没有吵架，但曾经能够将对方熔化的热情冷却了下来。或许她在以这种行为讽刺拒绝升入私立初中的丈夫和女儿。在她这个千金小姐身上，确实存在孩子气的一面。

女儿不见了。那桐子到底是什么时候发现的呢？

"这事和我一点关系都没有，就是这样。"

话筒中传来了哀哭声。小小的报复成功了，他不禁感到兴致高涨。

"什么时候不见的？"

对方一时间没有回答，显得非常不自然。

"喂，你听见我说什么了吗？"

"从昨天开始不见的。从我昨天早晨上班起，就一直都没看见她。"

藤岛把手机换到另一只手上，在裤子上蹭干掌心的汗。十几岁的少女，在暑假里跑到父母不知道的地方住几个晚上，并不是什么稀罕事儿。他觉得桐子过于惊慌了。

"她暑假里一直在预备学校上课。昨天当然也去了。我向预备学校确认过了。到昨天下午为止，她应该都在预备学校。"

"你问过她的朋友吗？她们不会不知道她去哪儿了吧？"

"我问过了。可是她们都说昨天傍晚就分开了。"

"你还真信了？"

"我哪知道谁在说谎呢？"激动的情绪平静下来，桐子不断呜咽着说，"你以为我疯了是吧？"

"什么？"

"是啊，我像个傻瓜似的歇斯底里，你可能觉得很滑稽吧？"在她啜泣的说话声中夹杂着一声脆响，是她把什么东西放在桌上的声音。恐怕是装着苏格兰威士忌的玻璃杯。"你到家里来。有样东西，无论如何也要让你看看。"

"这可不好办，你的律师不允许我这样做。"

"求求你了！"

"等等！你怎么没有报警？"

如果女儿真的失踪了，她应该是会报警的。在她看来，求警察要比求自己自然得多。而且，搜查人员一定早就把他当成嫌疑人来问话了。诱骗或绑架孩子的，常常是那些被剥夺了监护权的父母。他有充分的理由遭到怀疑。

"你到家里来吧。这样你就明白了，真的！"

"你昨天晚上都干吗了？"

"为什么要问我这个……"

"你老实回答我。听好了，我会根据情况答复你。你是什么时候发现加奈子失踪的？”

“……今天傍晚。”

“你昨天没有注意到她不见了，也就是说你整个晚上都不在家。是这样吧？”

“我们现在说的是她！”

“你当时在哪儿？是在酒店，还是在那个男人的公寓？”

“不是这样的……”语调很勉强，接着她说道，“是的。”

“是什么？”

“是在公寓……他的。”

“你们做了什么？”藤岛的呼吸逐渐变得急促。

“你听我说，你听我说，现在不是谈这事儿的时候。”

“你们做什么了？”

让人憋闷的沉默持续着。她的抽泣声时不时地传来。

“那个混蛋就那么重要吗？”

“拜托你不要不问青红皂白地瞎说。”

“事到如今你还装什么母亲样儿啊？”

“我跟他已经结束了。”

“你还算知点廉耻。”

“事情不是这样的。你听我说！”

“喂！”

“你听我说，我完全没有必要瞒你。你以为这是谁的错啊。他直到现在还打心眼里害怕你。我跟他交谈了一个晚上，他连一个正眼都没给过我。”

微弱的哭泣声还在持续，真让人厌烦。

"你现在立刻打电话报警，我也会给他们打声招呼的。所以……"

"我不是说不能报警吗？求求你，请你理解！你到这儿来就都明白了！"

桐子的固执与荒唐让他犹豫不决。又可以回到自己的家了。像小狗一样摇着尾巴兴高采烈的自己，让他感到不知所措。

"下班我立刻去你那里。"

"真的？"

他无法再多说一句话。挂上电话，关掉电源，他把手机放回夹克，回到了办公桌前。不同于白天的黏糊糊的汗水浸满后背。他没什么特殊感觉，仿佛这事与己无关。

藤岛思考着女儿的事情。加奈子是那种不跟母亲打声招呼就躲起来的少女吗？是在朋友家里挨个住，把零食当晚餐的姑娘吗？还是说，她是一个过着有规律的学校生活，代替因为工作疲于奔命的母亲操持家务的姑娘？藤岛自嘲起来。他为只会按照老一套来进行判断的自己感到生气。

他佯装平静，无聊地打了个哈欠。其他职员依然在兴致勃勃地玩电子游戏。他没心思继续写文件，于是抓过手边的体育报纸展开来看。他的目光追随着文字的行列，再一次陷入沉思。

女儿这是上哪儿去了呢？她是个会离家出走的姑娘吗？他不可能了解。这个无耻的女人，居然现在还好意思打电话来！就在她和那个男人私通的时候，女儿失踪了。这种事真像她的风格。还说什么到家里来就明白了。刚才说话的人真的是桐子吗？

"蠢女人。"他的齿缝中挤出一句难以听清的嘟囔。

3

　　一下班，藤岛就揪住刚来上班的所长。他要求在今天的休息日之后，再请假一天。

　　"是因为和我妻子有些事情需要处理。"

　　一听到这个理由，了解情况的所长就板起了脸。

　　"我们没出什么问题。"

　　"真的？真是这样？"

　　所长一再确认，让藤岛厌烦不已。他到更衣室换上西装，穿过便门，感到空气已经开始发黏。看来今天也很热。阳光毫不留情地灼烤着头皮，发烫的柏油炙烤着鞋底。

　　他开的是辆灰色的卡罗拉。一打开门，就袭来一股让人感到恶心的热气。他驾车朝前妻等候的宫原驶去。在等红灯的时候，他放了三粒含有咖啡因的药在嘴里。很久没有走这条路了。它通往的那个公寓，曾经是自己的家。他从旧中山道驶向国道。那一天，他走的也是和今天一样的路线。他记得一清二楚。

　　前年10月，以埼玉、川越和春日部这三个城市为中心，连续发生了25件纵火案。他为此忙得不可开交。

犯罪嫌疑人不过只是一个藏身于川口一带下等旅馆、居无定所的三十来岁的男子。而他却出于可有可无的动机，造成了两人死亡，还有无数摩托车和房屋被烧毁。不过，他们巧妙地让犯罪嫌疑人自己交代了罪行，并顺利地将其送交检察院。检察官让这名男子上了钩，并起诉了他。

那是在他参加完局里的庆功会，开车回家的路上。他因为拥有了短暂的假期，十分高兴。甚至有一种预感，就算要回的地方早就不能称为自己的家，但只要回去，那天也一定会什么都顺顺利利的。他完全沉浸在愚蠢的幻想中。实际上，他和家里人的关系早就彻底冷却了。平时，这个家完全以男主人藤岛缺位的状态在运转。

就在藤岛开到公寓前面的时候，一辆轻型车开了出来，和他交错而过。那是一辆有着红色尾灯的浅蓝色旅行车，是桐子的车。在大脑开始运转以前，他的身体已经有了反应。藤岛踩下油门追了上去，开上新大宫辅道，朝浦和方向驶去。藤岛隔了两辆车，尾随着桐子。驾驶途中，他取出了手机。难道要给自家公寓拨个电话问问加奈子吗？今后很可能成为父母耻辱的事情，没必要特意告诉她。他觉得，加奈子恐怕早已洞察一切，只不过她应该不会对自己全盘托出。

藤岛下半身感觉到一阵强烈的尿意。桐子在与野上了高速，让他明白她至少不是回娘家。桐子的娘家在浦和。淡淡的期待消失得无影无踪，一阵凉意穿过他的整条脊梁，让他感到害怕。他甚至还为自己对桐子的感情依然如此深厚而感到吃惊。

他时而愤怒，时而超脱，驾车一路来到东京都的市中心。他看见原本驾驶技术并不高明的桐子，居然熟练地把车停进了投币式停车场狭小的泊位。映入眼帘的，是她身着浅灰色的套装、刚去美容院做好的大波浪发型，还有那涂得较浓、从远处都能看见的口红。她竭尽全力将自己打扮得光彩照人，走入位于护国寺的高档公寓中，从眼前消失，只留下一串高跟鞋的声音。在自动玻璃门的内侧，是宽敞的大堂，大理石的地面打磨得锃亮。

他并不打算追上去抓住桐子。他一动不动，也没有发出任何声音。他知道，就算他冲上去抓住桐子的胳膊，她也不会道歉。她最多只会因为惊愕而脸色苍白，还一定会轻蔑地责备自己。而这是藤岛无论如何也忍受不了的。向目的地的房间走去的桐子很美。妻子的奕奕神采，他已经遗忘了许久，只感到泪腺一阵湿润。

要弄清桐子去的是什么地方非常简单，只要略微查看一下她的手机就可以了。公寓的主人是地产公司的高管——她的老板岩中。他相貌精悍，是个适合穿夏威夷衬衫的美男子。他属于那种下班后热衷于形体训练，一看到镜子，就忍不住停下来检查手戴劳力士的自己外貌是否无碍的人。在她公司的地址簿里，理所当然地记录着岩中家的地址。

藤岛耗费了假期一大半的时间，弄清了男人的身份，并对他进行了监视。但是他并没有什么特别的打算，只是彻底死了心而已。他叮嘱自己说，和桐子两人的夫妻关系已经走到了头，没必要再去辩驳。然而，在假期的最后一天，当他去弹子房玩够了“柏青哥”①，喝酒买醉之后，情况却发生了变化。

---

① 日本赌博机。

那是在 10 月下旬。护国寺的公寓，是永远都有管理人员值班的坚固城堡。除了地下停车场。混凝土浇筑的停车场没有摄像机，只有荧光灯在顶棚上放射着白光。他把卡罗拉开进一辆辆高档车中，停在岩中的车位上，等着他回来。他的脸发烫，整个车厢里都充斥着酒精味。

接下来的记忆如同蒙上了轻纱，模模糊糊的，只剩片段。他知道自己酒品不好，也应当很清楚自己喝多了会干些什么。但是现在他懂了。从一开始，从看见打扮得漂漂亮亮的妻子来这里的那一刻开始，他就有了袭击岩中的打算。

留在他记忆中的，只有岩中身上的古龙水气味、被特殊警棍敲碎的侧窗玻璃。他把奥迪车里的岩中拽出来，用警棍狠打。

场面太过凄惨，连藤岛自己都感到害怕。他飞奔着离开了停车场，自我怜悯伴随着愤怒涌上了心头。

他每天都像丢了魂儿似的。这件事虽然最终没有上报，但是不到三天，负责警务的那帮人就开始在他周围逡巡。经过几次调查讯问，他被要求辞职。上司说，如果他答应，将不会被逮捕，也不会被起诉。他无法拒绝。警官证、家人，还有生存价值和自豪感——他失去了太多的东西，但是总算逃过了高墙内的牢狱之灾。

藤岛把车停在停车场的空车位上，抬头望着自己久违的家。

这是一栋以褐色作为基调的 8 层高级公寓，户型为四居。自动上锁的玻璃门把外界隔离开来。一层的空间虽小，但也设有大堂，摆放着几把椅子和圆桌。这套公寓是藤岛在泡沫经济破灭，房价暴跌之后买下的。但是即便这样，靠他的工资依然难以负担。多亏曾经的岳父给予了经济上的援助，他们才得以置下这套房产。

抬头仰望，能看见主妇们正在阳台上晒衣服。她们轻轻地扫了一眼走向玄关的藤岛。他按下了对讲机，立刻就接通了："稍等。"眼前的玻璃门开了。走进去便看见电梯门上硬币的划痕，大堂的顶棚粘上了香烟的油渍。真是上年纪了，不管是自己还是公寓——这个念头滑过他的脑海。

他来到桐子居住的 103 室，按响了门铃。尽管已经知道他要来，桐子还是锁着门。他听见了开锁的声音。

"进来吧。"

她的模样让藤岛吃了一惊。及肩的咖啡色头发贴在脸颊上，眼皮浮肿，眼睛因为充血而通红。黑眼圈证明了她的睡眠不足。皱巴巴的白衬衫、长筒袜和紧身裙。看来是下班回家后连衣服都还没来得及换。桐子的身体散发出香水和浓烈的酒精味。这和束手就擒的嫌疑人身上的味道一模一样，是被疲惫和绝望所包裹的人才会散发的气味。

他望着跌跌撞撞走向厨房的桐子，任凭回忆在脑中浮现。

桐子是一个虚荣心极强的女人。家里比以前还多的北欧风格家具、透过玻璃架子可以窥见的气泡餐具，都证明她的这一特点并没有改变。卫生间里，一定林立着比他在的时候还要多的化妆品。为了养护肌肤、保持身材，她可以付出修行僧侣一般的努力。而现在……

他对正在摆弄咖啡壶的桐子说："发生什么事了？"

她的肩膀一哆嗦，依然盯着积在壶底的咖啡，头都不抬。她演技拙劣，但是眼中的恐惧却是真的。

　　"嗯，"她自言自语似的点点头，"你到加奈子的房间看看就知道了。"

　　这句话似乎让桐子耗尽了全身的力气，她闭上嘴不再说话。藤岛回头看看自己刚刚穿过的走廊，地面上积着厚厚的灰尘，看来好几天都没有打扫了。

　　"我在问你到底发生什么事了！"

　　"你去看看就知道了。"

　　"我可以一个人去吗？"

　　桐子条件反射似的扫了一眼无绳电话。痛苦的回忆。自从亲眼看到她的不贞，藤岛有一段时间还在家里安装过窃听器。

　　"我要你自己告诉我。"

　　"我不知道。"

　　"不知道？"

　　桐子把咖啡倒进象牙色的杯子里，手在不断地颤抖。

　　"我不知道，有可能是我看错了。"

　　"到底是什么东西？"

　　"你不要再问了，就当是为了保护孩子的名誉。我希望是我看错了。"

　　"你开什么玩笑？"藤岛瞪着她迈出了步子。她往厨房深处后退，后背嘭的一声狠狠地撞上了冰箱。藤岛心里感到一阵刺痛——我不会伤害你的！

　　"对不起！我实在是说不出口。你原谅我吧！"她抓住不锈钢洗碗池呜咽起来，这明显就是个反应过度、歇斯底里的动作。藤岛所了解的她应该是更为强势的。尤其是在那个时候，她相当的迅速和麻利，带着加奈子离开了家，找父亲介绍了能干的律师，还和正在住院的岩中商量好了一切。她单方面提出离婚，并且摆出了不怕打官司的架势。藤岛虽然逃过了警务部门的责任追究，却被她逼得不得不立刻腾出房子。

他凝视着陷入悲伤旋涡、纹丝不动的她。她眼角和下巴的线条显露出与年龄相符的疲惫以及衰老。这个形象和走入护国寺公寓的桐子的身影交叠在一起。他咬紧牙关迈向走廊，把手搭到房门上。不安和焦躁蔓延开来。他轻轻打开房门侧身进去，环视加奈子的房间。

窗帘拉开的房间，在朝阳的照耀下格外明亮。铺着地板的整洁房间散发着淡淡的化妆水味。这和他所预想的凌乱状态有着巨大的差异。

他反倒是觉得，这个房间整理得太有条理了，缺乏生活气息。架子床、桌子、摆满书籍的书架、音响和笔记本电脑，都摆放得井井有条。

这里没有少女们喜爱的布娃娃和名人海报，为房间增添色彩的装饰品也绝不算多。点缀房间的是几盆观叶植物和相框，以及大量的文库本和硬壳小说。老早之前给她买的学习桌消失了踪影，变成了装饰性更强、线条简洁的桌子。桌上的书立中，夹着几本教科书和参考书。

他拿起了相框。里面的照片大概是在某个活动日拍的，身着制服的少女们对着相机，摆出胜利等各自不同的造型，脸上流露着纯真的笑容。加奈子站在最右边，耸着肩膀轻笑着。虽然没有其他少女那么热情洋溢，但是加奈子居然也拥有这样的表情，这已经足以让藤岛感到惊讶。

加奈子成绩优秀，鼻梁挺拔，让人联想到她母亲年轻的时候。但是，加奈子和他正正经经碰面的机会少得惊人。她基本上不离开自己的房间，总是戴着耳机听音乐，在父母与自己中间竖起一道墙。有那么几次，他借着酒劲，在气头上踢开过她的房门。然而，他依然逐渐丧失了与女儿沟通交流的能力。

他扫了一眼床铺，夏天用的毛巾皱巴巴地堆在上面。这才让他真实地感受到，加奈子确确实实生活在这里。

藤岛怀疑，自己只不过是上了当。加奈子恐怕今天还是和平时一样在预备学校补课吧？他搞不明白。桐子为了美化自己的形象可以不遗余力。丑化自己，把自己扮演成弱者，恐怕她连想都没想过。

壁橱的门半开着，他伸出手一下子全拉开来。

里面挂着好几件 T 恤、高中的制服和百褶裙，还有平时穿的冬装和夏装，大部分是黑白基调、雅致的服装。他翻看了一下领口，发现这些衣服的牌子都是他不知道的，但是让人感觉价格不菲。他打开膝盖旁的收纳箱，里面是塞得满满的内衣和 T 恤，叠得整整齐齐的。

这么多衣服，足以证明失踪不是出自她的意愿。接下来必须确认洗漱用品和化妆品是否还在。她是卷入了案件，还是被人绑架？藤岛发出了低沉的呻吟。不管是什么原因，桐子都应该明白，这不是一般的离家出走。她应该立刻报警才对。

收纳箱旁放着藏青色的书包，拉链是打开的。里面放着几本参考书、密密麻麻写满数学公式和英文单词的笔记本、装着卫生用品的小布袋，还有几张 MD，放着小瓶化妆水、粉盒与口红的化妆包，却没有他所期待的手机。

就在书包底部，藤岛发现了一样东西。

从暗处拽出来的，是一个男式手包。由于它出现得太过突然，藤岛略显迟疑地拉开拉链，把手伸了进去。这一摸，不禁让他的脊梁泛出了冷汗。他蹲下身子把包倒过来晃了晃，里面的东西悄无声息地落在了地板上。

那是很多一厘米见方的小口袋，上面散落着塑料注射器、闪着银光手工制作的烟嘴，还有 hi-lite 香烟。他花了好几秒钟才反应过来这些东西意味着什么。烟嘴的凹陷处还留有烧焦的痕迹。他用颤抖的手拿起一个透明小口袋。里面装着一些透明的颗粒。他感到自己现在能够理解桐子的心情了。

他手里的东西是冰毒，兴奋剂的结晶。他数了数一般被称为"小包装"的小口袋，大概有一百个。虽然不清楚小包装的重量，但是从他的经验来判断，它们的零售价会轻而易举地超过一百万日元。如果不是中毒太深，这样的分量已经足够享受一阵子了。这不可能是女高中生随随便便会持有的数量。

散落在眼前的全都是经常吸毒的人必须配备的工具。从他的职业来看，这些东西并不罕见。但是在自己女儿的房间里发现，就另当别论了。这一定是性质恶劣的恶作剧——他想不出还有什么其他的可能性。

藤岛愣愣地注视着这些东西。片刻之后，他下定决心，慎重地打开了一个小包装，用指尖蘸了一点结晶。没人能保证这不是氰化钾，但他还是直接把结晶放入口中，粗糙的结晶很快就消失了。他不知道这是不是兴奋剂，但至少不是樟脑或者砂糖。他把东西重新放回手包中，飞快地返回起居室。不知道是因为兴奋剂还是惊愕，他的胸口跳得怦怦作响。

桐子悄然无声地坐在沙发上。他把包胡乱地扔在桌上，抗不安药带来的睡意已经被一扫而光。

他把咖啡杯粗鲁地推向一边，再一次把包里所有的东西倾倒出来。小包装沙沙作响，咖啡从桌子的一端一滴滴地落在地毯上。桐子双目紧闭，眼睛周围的皱纹清晰得像乌鸦的爪印。她的脸庞显露出的筋疲力尽甚至让人忍不住发笑。

"是你的吗，桐子？"藤岛继续问，"还是孩子的？"

桐子没有回答。

"这些东西你应该都认识吧？没错，这是兴奋剂和注射器，还有手工制作的烟嘴，全都是吸食兴奋剂时的必要工具。这些玩意儿，怎么会混到我们家里来的？"

桐子还是没有回答。

"加奈子的体重有变化吗？有没有突然消瘦？有没有厌食？言行如何？"

桐子睁开了双眼，或许是被眼泪和汗水闷得，她的脖子上密密麻麻地布满了一片红色的痱子。她一遍遍地抽泣，反问道："那孩子怎么可能做这种事呢？"

"那些东西是你的吗？"

"你别开玩笑了。"

"开玩笑的是你！"

他坐在沙发上，隔着桌上的兴奋剂与妻子对峙。然后又再次毫无意义地站了起来，俯视着她。

"不是你的吧？"

"不是，不是。"

藤岛的手在脸上摩挲，湿乎乎的油和汗粘在了手上。

"混蛋！"

桐子纹丝不动，一言不发，目光游离。她是被眼前的东西震慑住了。

"女儿成了毒品的俘虏，你不觉得太棒了吗？"

"别说了！"

"你原来不是总对着我吼，说我没资格当父亲吗？用的好像就是这种口气吧？可你又如何呢？让她陷入毒品当中，难道是你的理想？你适可而止吧！"

"别说了！这可是你自己的女儿！你怎么能说出这么过分的话啊？"

桐子恶狠狠地瞪着前夫，但表情却是无力的。哭泣的脸庞，充血的眼睛。两个人上一次像这样互相凝视对方的脸，是在什么时候呢？

"我不知道，她是怎么长大的，她有什么样的朋友，喜欢吃什么东西。我是她的父亲，却什么都不知道……"

"可是……"

"事到如今，我甚至怀疑自己是不是真的有女儿。因为她从来就没有站到过我这一边。"

"你……真这么觉得？"

"这全都怪你。"他摆了摆手，表示现在没工夫吵架，"这孩子被卷到什么案件里去了？"

"案件……加奈子不过只是个……"

"不过只是个高中生？高中生随便玩玩可不会有这么多兴奋剂！我查看了她的房间，她没有带走衣服，旅行包也还在。一般说来，要在外面过夜不可能不带上它。"

桐子面无表情。细长的叹息从她松弛的嘴角漏出。如此表情的女人，他见过好几个。她们的脸上出现这样的表情，都是在听说近亲犯罪或是死亡之后。

"那孩子怎么会……"

"你叫我来，不就是为了确认这件事吗？"

桐子应声问道："你不打算报警？"

"那当然。"

"为什么呀？不行！这可不行！"桐子像孩子一样抓住藤岛的手，紧紧地拽着，抬起头用求救的目光望着他，长长的指甲把他的手腕掐出了印子，"这么大的事，单凭我们是不可能解决的啊！"

"那你为什么把我叫来？你从一开始就没打算过报警吧？"

他粗暴地将桐子推开，把小包装、注射器和铝制烟嘴都塞进了手包。站起身来的桐子突然紧紧地抓住了无绳电话。

"住手！"

他抓住桐子的手腕。她却使劲地想要甩开他，力气大得出乎他的意料。

"你放开我！放开我啊！"

他用左手抓住无绳电话，然后抱住了疯狂的桐子。一股呛人的香水味扑鼻而来，还夹杂着刺鼻的汗水和酒精味。手腕的柔软感触和脊背传来的体温，让他不由得松了劲儿。

"你听我说，你知道他们要是听说这件事会怎么样吗？你曾经是刑警的妻子。你应该明白！"

"放开我！快点！那孩子……"

"听我说！我们的女儿惹上了麻烦，是个能让他们喜极而泣的好消息！你能忍受吗？加奈子会怎么样？如果被媒体发现，她一辈子就都完了。你受得了吗？"

抵抗的力量在他怀中一点点地消失。她不可能承受得了。他说的每一句话，都一定会在她脑中形成数不清的错综复杂的想法。

他们还住在警察局宿舍的时候，桐子就和周围的人合不来。她早就对警察妻子的身份感到厌倦，对融入警察社会也不以为然。她还把这种想法强加于女儿加奈子。她对女儿的教育倾注了心血，也计划借着女儿考入私立初中的机会，建立和自己身份相符的新的社交圈。

"她是心血来潮离家出走！一定是这样！"她的喉头发出近乎惨叫的恸哭声，"你什么都不懂！"

"这事就交给我吧。"

一阵疼痛窜过他的前胸。桐子把头埋在他的衬衫里，指甲嵌入他的胸口。这份沉重的心情感染了他。他松开桐子的手，把无绳电话还给她。桐子手握电话，望着藤岛，眼神中流露出走投无路的绝望，就像已经忘记了该怎么打电话一样。

"你这是耍滑头，卑鄙无耻……"

"你要是不报警，就赶紧去洗个澡醒醒酒。我还有一堆问题要问你。"

"我居然还要靠你……"

桐子从嘴里挤出这句话，把无绳电话放在桌上，慢吞吞地离开了起居室。他很快就听见了洗手盆的水流声。

藤岛默默地叼起一支香烟，拿打火机的手在颤抖。他十分清楚这样做不合规矩。发生这么大的事，快要把他压趴下了。一个人能做什么？什么都做不了。他的脸愁得皱成了一团。

早晚会有人注意到加奈子不在而闹腾起来。刑警的直觉告诉他，女儿出事了。对于只顾自己的父母来说，这或许是最为相称的结局了。但他实在是不愿意承认这一点。不管以什么样的形式，只要能把她活生生地带回来……藤岛沉浸在梦想中。家具、餐具、音乐和香味，虽然都让他感觉冷冰冰的，但是这个房间确实是自己的家。他的年纪太大，已经无法一个人孤零零地生活了。

他打开橱柜的玻璃门，存放备用钥匙的地方没有变。钥匙依然静静地躺在重叠的盘子旁边，上面有他曾经见过的伤痕。那是他以前使用过的钥匙。他把钥匙放进口袋，想起了加奈子。

三年前 1

我站起身来，假装对布满书桌的乱涂乱画视而不见。

班会的时间已经结束，下课铃也响了。这是宣告一天结束的解放的声音。我背上书包尽可能迅速地离开了教室。

我平安无事地来到走廊。我不禁自然而然地曲背屏息，低着头靠边穿过走廊。他们曾经嘲笑过我，说我这样子就像肮脏的流浪汉。我自己也觉得这样不体面。可是，这样的姿态已经彻底渗透进了我的身体内部。

在这几个月里，我已经完全被打垮了。走廊里他们和她们的目光将我刺痛。不管他们有没有在看我。每次擦肩而过时我都会被踢打，被掌掴。为了防备攻击，我蜷缩着身体。每当平安无事，我就会筋疲力尽地松下一口气来。生活就这样日复一日。

糟糕的一天就要结束了。是要结束了吧？发红的太阳照耀着教学楼门口的换鞋处。到达终点的我深深地舒了口气，却又立刻愣住了。

我原本放在鞋柜里的运动鞋不见了。无聊感和悲哀悄悄地潜入我的脑中。我迅速地扫了四周一眼。我相信一定是有人一时兴起把它扔到了大门外，或是踩在了脚下的隔板里。

他们和她们从我身边挤过去。不知道究竟是什么事情如此滑稽，让他们欢笑着、闹腾着。很快，人越来越多，我在人群中被他们挤来挤去，徘徊着，彷徨着。

我到附近的教室和卫生间里寻找，没有任何发现。

我打算不再找下去了，就这么穿着拖鞋回家。但是考虑到后果，我又打消了这个念头。我不想让父母知道这些没用的事。他们应该依然认为，我是一个过着普通学校生活的初中生。

我走投无路地伫立着。放学准备回家的女生们盯着我，眼中充满了怀疑。我害臊地低下了头。就在我不知该何去何从，精神恍惚之时，那帮家伙出现在了我的视野前端。

那帮家伙，是我的同班同学。因为4月份刚调换了班级，所以我记不清他们的名字。也不可能记得住。高个子长发的A，和柔道部胖胖的、几乎是个光头的B。还有没像他们那样女里女气地笑，总是往上翻着白眼、恶狠狠地瞪着我的岛津。

我对那帮家伙说："把鞋子还给我！"

岛津吐了口唾沫："你开什么玩笑！"

A对我挥挥手说："你过来！你还想速战速决赶紧回家啊？"

"把我的鞋子还给我！"

B掏着他的耳孔："你说什么哪？我听不明白！"

岛津吐出一句话："你糊弄谁啊？谁允许你逃跑的？"

我站在那儿，一动不动。A冲着我用下巴指指旁边的一个教室，那是间没人的工作室。我摇摇头。

"你来呀，说不定我们知道你的鞋子在哪里哦。你怕什么啊？赶紧地！"

他们三个人迅速地走向工作室。B每次回头看我，都高声地笑着说："你不跟着来，小心我们把你的东西扔到焚烧炉里哦！"

我无奈地挪动双腿。那双破破烂烂的运动鞋，他们爱怎么处理就怎么处理，我无所谓。可是穿着拖鞋回家也确实不好受。

他们三个人走进了工作室。A在门口探出头，笑容满面地向我招手，就像是在邀请我参加愉快的派对。

我刚一进屋，就被他们抓住胸口拖了过去。岛津对准我的腹部猛踢了一脚，疼得我喘不过气来。

我用手掌挡住了冲着鼻梁飞来的脚后跟，就像徒手接住投来的棒球。我无论如何都不愿意脸被他们打伤，或是弄脏。

我不想留下任何会让人发现自己遭受过暴力和欺侮的证据。因为，它就像罪犯身上的烙印，如果被人看见，会让我觉得自己比遭受暴力的时候还要凄惨得多。

班级里几乎所有的人都是我的敌人。有些家伙像是在打游击，趁我不留神的时候，把我的笔记本和教科书哗啦啦地撕开，或是在上面乱涂乱画。而他们三个是班级里行为最极端的。

A兴奋地喘着粗气说："开什么玩笑！"

他们发现碰不到我的脸，就猛踩我的肩膀和脚。黑色的制服上留下了粘满尘埃的脚印。B拉着衣服领子，把双腿发软的我拽了起来。

在扭曲的视野正中，是岛津如同痉挛一般抽搐的脸。他是在笑，还是在发怒？他的表情我无从判断。

B在我的耳边吼叫："你应该带来了吧？"

我沉默着没有回答。我根本说不出话来，因为我的脖子就像被老虎钳夹住了一样，一动也不能动。根本不可能说得出话，脖子被牢牢固定着，也完全不可能反抗。

"带没带啊？"B在耳边吼道。

勒住我脖子的力量松弛了下来。我不住地咳嗽，跪在了地上。制服从上到下都布满了白色的尘埃，插在屁股口袋里的钱包被抽了出来。

我抬起胳膊想要抢回来，却扑了个空。但是伴随着咂嘴声，我的钱包马上又被人塞了回来。因为里面除了零钱什么都没有。

　　"钱呢？"A踩着我的大腿问。我摇摇头。

　　"你觉得这么就能糊弄过去了？"B装出一本正经的样子，用质问的口吻问道。在他身上看不出一丝一毫的罪恶感。这种声音，是坚信正义在自己这边的人才能发出的声音。

　　岛津一直俯视着我。他的眼珠闪闪发光，就像灌注过油似的。这意味着什么，我认为自己清楚——是不带有任何轻视和嘲笑的、纯粹的仇恨。

　　"叛徒……"他低声说。接下来又是他那已经成了标志的话语："随随便便就退出了社团……你以为连个招呼都不打，想不干就可以不干了吗？"

　　"我早就给教练提交了换社申请……"

　　"啰嗦！"

　　"我已经……"

　　"别说了！"岛津低吼一声，进入了下一个话题，"你还把头发留这么长。"

　　这家伙伸出手，用手指拨弄着我前额的头发，另一只手摸摸我的脸。

　　"你变得像个女人了呀！"

　　这帮人哄笑起来。

　　岛津也笑了，脸颊不断抽搐。在过去的两年时间里，我每天都见到这张病态的笑脸。他也是，居然和我这个"女人"争夺着正式队员的位置。

岛津的脸朝我凑近。

"我不需要钱，我要你死！你死吧，死了好去追随那个家伙！"

这帮家伙又笑了起来。

他们口中的"那个家伙"的身影浮现在我脑海中。

他脸上的皮肤很白，白得似乎能看见血管。嘴唇红红的，就像放学后涂了口红的女生一样。那是绪方诚一五官端正的脸。他把学校的阴暗面彻彻底底地暴露在阳光下，然后离开了人世。

我用发软的双腿一蹬，深深地弯下腰，撞向岛津的腹部。额头撞到了制服硬硬的纽扣，随之袭来的疼痛让我满眼是泪。

我呆呆地俯视着他，犹豫着究竟应该为自己的行为向他们道歉，还是就这样竭尽全力地逃跑。最后我什么都没做，只是僵直地呆立着。

"你干什么？"

"你这个混蛋！"

A和B同时叫了起来。他们的本意是威吓，但是脸上却充满了惊讶和难过，好像遭到了背叛，受到了伤害，如同被小猫小狗咬伤了般地悲哀。

B用相当大的力气把我的胳膊反剪在身后，A的脸涨得通红，对我挥舞着拳头。

还有岛津。他捂按着下腹，翻着白眼瞪着我。

岛津没有对我拳打脚踢，而是伸手从口袋里取出了什么。

"我要杀了你！"

这家伙的手里闪出一件像是银色羽毛般的东西。我看得很清楚，那是把刀。A惊愕得双目圆睁，束缚我的双臂力量也有所松弛。

"喂……"

我身后传来 B 的声音，带着些呆滞和恍惚。岛津握刀的手在微微地颤抖。我觉得他是要来真的。

"我要杀了你！"

岛津突然咂咂嘴，将刀藏在大腿中间。门开了，一个头发花白的老师走进了教室。

老师大吃一惊，停下了脚步，圆瞪的双眼朝我看过来。不知为何，我觉得就在短暂的一瞬间，老师的脸上闪过一种表情，似乎在说："糟糕！"

"你们在干什么！"

"什么都没干。"A 面无表情地说。

"我们什么都没干呀。"B 原本活泼的声音变得没有起伏，是那种让成年人感到害怕的、毛骨悚然的语气。这已经足够了。老师已经不再看我。岛津瞪着我，像在说：你要是敢说什么，看我不杀了你！

"你们赶紧回家吧！"

老师只说了这么一句话，就转身离开了，连门都关得紧紧的。B 长长地舒了口气。

"太危险了！不会被看见了吧？"

"应该没什么大问题。"A 表情僵硬地说。岛津又一次露出了刀刃，A 摇摇头。

"够了吧？先这样吧。"

岛津喘着粗气，惋惜地收回刀，把刀刃折起来。像只缺少管教的狗一般低吼道："叛徒……"

"那位故人，恐怕并不知道我们的名字吧？"

B像是请求般地说："我们还是走吧？"

"好吧。"

四周变得冷冷清清的。反剪在身后的双臂被松开，我一下子滑倒在地上。

"你还敢反过来冲我们动手！你得搞清楚你的立场，我们说什么你就得听什么！"

"你下次绝对要把钱带来！"

A和B的脚步声逐渐远去。

等他们笑着离开了教室，我才慢慢地站起来，说不定还会有人进来，就像刚才那样。到时候，我真不知究竟该如何去面对。

我深深地叹了口气，就像要把身体中的空气都抽掉。我的运动鞋就放在讲台旁，离得老远都能看见鞋子上的裂口，连里面的棉花都露出来了。

我捡起运动鞋，觉得自己就像是抱着一只死去的小狗。

我来到走廊，立刻就有几个女生从我面前穿过。她们停下了欢声笑语，加快步伐离去。她们的表情和刚才的那位老师一样，就像是看到了什么不该看的事情。我把鞋子扔进了走廊里的垃圾箱。它已经没法再穿了，也不可能带回家。

我不希望有人向我打招呼。实际上，也没有人愿意多管闲事来招呼我。

我朝着和自己班教室相反的方向走去。我想去一个没人认识我的地方。我找到水管，洗了洗脸。冰凉的水让我火烧火燎般的皮肤感到非常舒服。

我感到鼻子一酸，于是用手帕擦了擦。

是眼泪。别哭！别哭呀！我对自己说。这样已经够凄惨的了，请不要再火上浇油！我祈祷着，我请求着，可是眼泪却厚颜无耻地侵入我的鼻腔和嘴巴。

我一遍又一遍地把水浇在脸上，拼命地深呼吸，想要恢复冷静。正当我埋着头一动不动的时候，忽然看见了那个人的脸。和现在的我一样，他也正在水池边洗脸。那是同班同学绪方的脸。看啊，他的眼睛也被染成了红色，正在不断地用拳头敲击着水龙头。

那已经是好几个月之前的事了。我记得那是在训练结束的时候，早就过了傍晚时分，已经很晚了。我到教室里去取落下的东西，恰巧看见了他。

水管在他榔头一般的拳头下摇摇晃晃。绪方发现在一旁默默站着的我，便害臊地缩起了脖子。他脸上的表情很暧昧，分不清是哭还是笑。

"被你看见了，丢人吧？"

我当时没有什么反应。露出了和他们及她们完全一样的表情，似乎看到了不该看的事，然后一句话都没说就走开了。

为什么他们一提到绪方的名字，我就会被激怒呢？那样攻击别人，是我有生以来的第一次。就像是个为受了欺负的朋友怒不可遏打抱不平的热血汉子。我感到羞耻，又一次把水淋到脸上。

我不过只是和他同一间教室，呼吸着同样的空气罢了。如果我称他为曾经的朋友，恐怕连他自己都会从坟墓里爬出来追问我。

水滴流过我的后脑勺，沿着头发滴落到肩膀上，湿漉漉的。看来眼泪终于止住了，但是心情还没有平静下来。

透过窗户往下看，恰好我以前所属的棒球部在做热身运动，大家正在做投接球练习。

有的人在搭伴练习投球，动作利落。有的人或许是累了，姿势走了样，投出的球划出了一条抛物线。岛津很快也会做好准备，加入他们吧？

可能是因为有一些今年春天入学的初一学生加入，我在队员中看见一些崭新而稚嫩的面孔。不过基本上都是我认识的人。称他们为"伙伴"也没有什么不合适的。

我不忍再看下去。我一次次地拧干手帕，擦拭着淋湿的头发。

突然，我的后脖颈上感觉到一片柔软。我条件反射地摆出架势回头一看，一条蓝色的运动毛巾从我脖子上滑落。一位少女面无表情地站在我面前。她的脸……我认识，只是一时间想不起她的名字来。

"干什么？"

颤抖的声音从我嘴里发出。其实根本没必要对女孩子这样说话。我埋下头，因为害臊而发烫的脸似乎要蹿出火苗。我是彻底被吓着了。

"这个，你拿去用吧。"

她捡起掉在地上的运动毛巾，递给了我。我终于想起了她的名字——藤岛加奈子。她初二的时候曾经和我同班。而且，如果不是她，我也一定不可能那么快就回忆起名字来。

"谢、谢谢。"

我慌忙伸出手接过运动毛巾，抬眼看着她久违的面孔。她长得非常漂亮，浑圆而纤细的眉，白种人一样的浅色瞳仁，瘦削的脸庞和微尖的下巴。那显得有些骨感的苗条身材，比我还要高。一点也不像初中生。

她是一个让人印象深刻的女孩。或许只是我的偏见，但我认为女孩子是一种成群结队行动的生物，尤其是在学校这样的地方。而且我还从读大学的表姐那里听说，女孩如果不这样的话会感到不安。独自一人，从各个方面来说都是最糟糕的。

尽管如此，她却常常一个人。无论是课间，还是放学后，她都不打算加入某个圈子，而是一个人读读书，看看漫画，或者是在我们不知道的地方散步。对于我来说，她简直就是一个误入少男少女群体中的大人。

"这是借给你的。"

她干脆地转过身去。

"等等，你等等！"

"怎么了？"

"为什么？"

她拉上包拉链，不解地扬起眉头。

"因为你全身都湿透了呀。遗憾的是我没带绷带，你最好快点去医院。不做处理的话伤口会化脓的。"

她指指自己的额头。她说的在理，我只能点点头说："是啊。"

"如果运动毛巾染上的血洗不掉，你可以不用还我。"

"……嗯。啊，好。"

这牛头不对马嘴的对话让我感到有些焦躁。我用运动毛巾擦干湿漉漉的脸。

"再见。"

在我变得清晰一些的视野里，是她淡淡的微笑。一瞬间我感到呼吸困难，只能默默地目送她离开。我觉得自己一旦开口，就有可能说出些不该说的话。

我轻轻地瞥了一眼镜子，发现自己的形象很糟糕。从鼻子到嘴唇都结着干巴巴的血痂，半边脸红肿得像烂熟的桃子。眼睛发红，饱含泪水。我深深地叹了口气，摇摇头。

我和绪方有几分相似之处吧？我这么想着，看了看自己的脸，发现这个想法只是个荒唐的错误。

死去的绪方，跟我并不是什么朋友。

但是藤岛加奈子呢？是他的朋友，伙伴，还是恋人？我不知道该用什么样的词来概括才好。

只是，我曾经看见过。休息日，在池袋车站的前面，他们两人并肩而行。当时的她，笑得天真无邪，不像在学校里那样面无表情，显得很无聊。

我把运动毛巾顶在头上，闻到一股不同于香皂的甜香。我擦着头发，多次回忆起她展现给绪方的笑颜。

4

　　前天早晨，加奈子像往常一样出门去预备学校上夏季课程。前天晚上，桐子从岩中的公寓往自己家里打了很多次电话，但一直是电话留言。她打加奈子的手机，却一直关机，一次都没接通。桐子惴惴不安地到公司上班。在工作间歇，她又打了几次加奈子的手机和家里的电话，依然没有应答。一下班桐子就飞奔回家。当她发现加奈子还没有回家，就给她上预备学校的几个朋友打了电话。她们说，自从前天傍晚从她们顺道去的快餐店出来之后，就再也没有见过加奈子。打那个时候起，也没有其他人见过加奈子。

　　桐子有学校的联系簿，但谁是加奈子的朋友，谁不是，她也分不清。她动过念头，想和学校、警方联系，但是没有付诸实施。她不想伤害孩子，也不愿意让自己抚养女儿的经历出现污点。分居和离婚，已经让她受够了伤害。

　　就在太阳彻底下山的时候，她开始检查女儿的房间，试图找到些线索。不久，她就在壁橱深处找到了那个手包。惊愕和恐惧让她短暂地忘记了时间。之后，她联络了正在从她记忆中淡出的前夫。

　　藤岛询问了女儿结交朋友的情况。桐子能说出的人并不多，只有在同一所预备学校上课的同学，还有发小。

　　"她就这些朋友？男朋友呢，有吗？"

　　"不知道，可能有吧。"

　　"是谁？"

　　"这我怎么可能知道啊？"

　　"你觉得他会是个什么样的家伙？"

　　"不知道。她也有可能没交男朋友。"

　　桐子的脸泛起了红潮，她觉察到了前夫眼神中流露出的蔑视。

　　"我有什么办法呢？现在大家都用手机和电脑联系，根本没有我们了解的余地。不过……"她歪着头，像是在沉思，"不过，我觉得她一定有男朋友。而且不是同年龄的，是比她大的。"

　　"为什么？"

　　"只是直觉，没什么意思。不过，和同年龄段的姑娘相比，怎么说好呢，那孩子，太聪明了。"

　　卫生间里，原封不动地摆放着加奈子的洗漱用品和化妆品。桐子确认后，表情僵硬地轻叹了口气。

　　又一次回到女儿的房间搜查。他让她一件一件地检视物品，询问壁橱里衣服的来源。其中一半是她给买的，而另一半她却不清楚。

　　"那孩子在打工吗？"

　　桐子摇摇头。学校禁止打工，而且也看不出她有打工的迹象。

藤岛拿起衣服问道："这牌子贵吗？"

"我觉得有可能，不过我也不是很清楚。"

桐子的回答很暧昧。手头并不宽裕，也没有打工的高中生要想买高价的衣服，并没有太多的途径。从这个角度来看，她有个比自己年长的男朋友并不奇怪。他脑中浮现出那些被带到警察局、派出所的少女们的脸。她是不是在出卖自己的身体？他没有问出口。虽然事已至此，但要把自己的女儿归入那些少女的队伍，他依然倍感抵触。

他在桌子最下面的抽屉里发现了一个奶油色的小包，里面放着铝制包装的胶囊和药粉。

"她身体不舒服吗？"

桐子的表情证明她并不知情。纸袋上印着药店的名称，里面还有张纸条，写着神经科的名字。

他明白了，包里都是安眠药、抗不安药和抗抑郁药一类的东西。他不由得自嘲，一家三口原来都是药物依赖者啊。酒精当然也是效果极好的药物。

在书架的下段，放着几本照相馆冲印照片时附送的简易相册。里面夹着的，应该是加奈子和朋友、同学一起拍的照片。过肩的黑发，比其他同学高出一头的身材。修学旅行、文化节、运动会……年代逐渐回溯，出现了身穿初中制服的她。照片中还残留着些许稚嫩的面孔，是藤岛相当熟悉的。那时候，父女俩还能够正常地沟通。

最后一本，照片的数量很少，而且在相册里插得很分散。他翻看相册的手停了下来，皱起了眉头。

"喂。"

他把相册指给发呆的桐子看。

"这小子是谁？"

所有的照片上都是同一个少年，和初中时代的加奈子肩并肩，面露羞涩的笑容。有的可能是加奈子自己拍的，照片里的少年独自冲着照相机在挥手。

"是绪方。"

"绪方？"

他比加奈子个头矮、皮肤白、嘴唇红。瘦瘦的，显得有些柔弱。长及眉间的头发和纤细的身躯，甚至还有几分女孩样。只有身上的学生装表明了他的男孩身份。

照片充分地显示出了两个人的关系。他们俩大概是在谈恋爱吧。这些照片上的加奈子，比其他任何照片上的都更加美丽，更加可爱。藤岛久久地注视着这些照片。很快他就感到，自己内心深处对这个叫做绪方的少年产生了一种无聊的嫉妒。

桐子注视了一会儿，摇着头把相册还给藤岛。

"怎么了？"

"这孩子是加奈子的初中同学，现在已经不在了。"

"什么意思？"

"他死了。"

藤岛看了看妻子，她在努力地装作面无表情。藤岛的目光落在了照片上。蓝天下微笑着的加奈子，失去绪方时的加奈子，他一次都没有注意到过。

他打开笔记本，再一次看看夹在里面的照片。刚买来的营养饮料带着包裹他喉头的甜味滑落下去。他正在大宫站西口附近的便利店门口。表的指针已经过了12点。他把瓶子扔进了发出一股腐臭味的垃圾桶。正好是午饭时间，并不宽敞的店里挤满了预备学校的学生。大家都抱着盒饭、瓶装水一类的东西。店员一心一意地忙着收款，顾客们也在炎热中相互拥挤着买完东西。

藤岛注意观察了一下四周的情况。据说，包括辖区警局在内的三家警察局，进行了总动员，地区科的所有人员全部上岗，加强了便利店周边的巡逻。但是他没有看见警察的身影，只看见散发着午饭后特有的慵懒感的上班族、学生和在百货公司享受购物乐趣的老妇人。从车站西口前的商业中心里，传来了刺耳的音乐声，音量大得能和强烈的阳光匹敌，让暑热更为变本加厉。就在这时，照片中的女孩们走出了便利店。

"喂！"

松下惠美和长野智子的脸上，浮现出和照片上不同的疑问和焦躁。他出现在这样的地方，一定被误认为是星探了。

两个人都穿着明显过短的T恤和牛仔裤，打扮得简单朴素。本来松下个子就高，穿上厚底凉鞋，几乎和藤岛肩并肩了。她黑发及肩，五官长相给人强势的印象。

长野穿着同样短得快要露出肚脐的迷彩T恤，一条银色项链贴在脖子上。金色的耳环和橙色的短发。和多彩的外表形成对比的，是她瘦削的身材，似乎来阵风都能把她刮跑。仰视的目光中，流露出对陌生人的恐惧和害怕。

"请等等！"

有着模特般修长身材的松下，或许是因为经常被人搭讪，所以毫不畏惧地回过头来。

"我是加奈子的父亲。"

松下用估价似的目光瞟了藤岛一眼，轻轻地扬起眉梢。她好像并没有感到吃惊。橙色的长野拘谨地躲到松下身后。

"加奈子回来了吗？"松下嚼着口香糖问道。

"她跟你们联系过吗？

"没有啊，手机也一直打不通。"

松下身后的长野也点点头，就像个躲在男扮女装的美人身后的公主。桐子首先联系的就是她们俩。她们和加奈子是高中同学。松下和长野分别从上尾及与野去高中和预备学校上课。加奈子和她们一起拍的照片很多。她们在同一所预备学校上课，一起参加修学旅行，也一起参与文化节的活动。

松下耸耸肩，问道："那你找我们有什么事？"

藤岛拿手挡在额头上遮阳，似乎对炎热已经难以忍受了。确实，他的头盖骨烫得就像烤好的铁板。他拿下巴指指前面的快餐店招牌。

"我能问你们几句话吗？"

"可是……"

松下举起便利店的褐色塑料袋，里面是刚买来的东西。

"拜托了。"

松下夸张地叹了口气。怎么办？两个人面面相觑。长野表情僵硬，就算不开口，她也很清楚地对朋友表明了恨不得早一点逃走的心情。你这些朋友可真行！藤岛对不在眼前的加奈子说。

"我们也不知道她上哪儿去了，也很担心哪。"

"我不会耽误你们太久，只要你们回答我几个问题就行。"

松下眯起了眼睛："这是你的工作？"

"什么？"

"我想起来了。你是个刑警吧？加奈子说过。"

"我现在不当警察了。"

"那你们报警了吗？"

"没有。"

"为什么？"

"你觉得应该报警吗？"

"这个嘛，我不知道。可是，你不担心吗？"松下撅起了嘴。

他不容分说地逼近了她："我担心啊，所以才这么四处打听呢。"

拎着百货公司手提袋的中年女性从他们身边走过，眼神中充满怀疑。藤岛歪着头对站在后面的少女说："拜托了！"

长野低头看着柏油路面。

"那好吧。"松下接过话说，她的目光流露出强势。他觉得这种感觉和加奈子挺像的。女儿曾经向他投来过同样的视线。

走进拥挤的快餐店，他让两人找座位，自己用托盘端来咖啡，坐了下来。

"除了告诉加奈子妈妈的那些事，你们还想到了别的吗？"

"嗯……还真没想到别的了。"

"你呢？"藤岛冲着长野说。她的声音低得几乎听不见，所以他不得不反复询问好几次。

"我也不知道。"

"你们能再给我讲讲前天的事吗？那天是怎么过的？"

"嗯……"

他举手制止了想要回答的松下，指着长野说："我在问她。"

松下像是吃了一惊，屏住气息，不再说话，就像受到了侮辱一般怒气冲冲。

"那天你们不也是一起在预备学校上的课吗？"

"说是在一起，其实只是上午而已。"

松下也撇着嘴在一旁点点头。

"这话是什么意思？"

"我和惠美上的是私立大学文科的课程，所以三个人一起上的只是上午的英语课，下午就分开了。加奈子想报考国立大学，所以她下午上的是数学什么的。"

"你们是一起回家的吗？"

"平时是一起的。"长野结结巴巴地选择措辞，"前天我们也恰好在这里等她。但是，她一直都没来。所以，我们以为她是先回家了。"

"然后呢？"

松下烦躁地用手指敲击着桌面。

"刚才不是说了吗，我们以为她回家了。"

"她没回家，你们觉得她会去哪里呢？"

"谁知道她去了哪里，我们又不是一年三百六十五天都和她在一起。"

他一个接一个地提问，尽量不给她们留下思考的时间。

"她和男人见面吗？某个特定的男人。"

松下哼了一声，嗤笑着说："加奈子？不可能。"

"你笑什么？"

"你什么态度啊？"

"你认真回答。当然，如果你们要包庇她的话就算了。"

"包庇她？我们？"

带着孩子来的主妇们转过头来望着他们。松下露出遗憾的表情，仰头往上看了一眼，站起身来。

"我们走吧！他就像在怀疑我们似的。"

"我的话还没说完，坐下！"

"你别命令我们！"

沉默和喧嚣。尖锐的流行音乐刺激着神经。藤岛用袖子擦擦额头上的汗，低下头说："是我不好，我道歉。"

抬起屁股的松下又绷着脸坐了下来。

藤岛说："她不是离家出走，是被人带走了。"

"你怎么能确定情况是这样的呢？她不过只是想调节一下心情，在外面住住而已吧？成天学习学习的，人都快熬干了。"

"但是我女儿并没有收入。她该不会在卖吧？"

"你真的是加奈子的父亲吗？"

松下的脸因为厌恶而变了形。

长野也面露愠色。她双目紧闭，浑身颤抖。

"我有理由这么怀疑她。"

"真是难以置信。"

长野无法抑制地落下了眼泪。

松下说："她可能有男人。"

"你说什么？"

"我说她可能有男人，就是你所谓的特定的男人。"

"是谁呢？"

"我不知道。加奈子没告诉过我，我们也很生气呢。加奈子总是故意避开我们。打手机她也不好好接电话，一点儿都不好相处。这种情况从放暑假前就开始了。像前天那样的情况并不少见。她以往就很任性，只是从来没有那么露骨。她是不是和那个男的出去旅行了？正好现在又是夏天。不过这只是我的直觉。"

"你也这么想？"

长野擦擦眼泪摇了摇头："我觉得……"

"过两天她厌倦了就会回来的。行了吗？我们没时间了。"

"你们也不太了解加奈子啊，还说是朋友呢。"

面对藤岛的挑衅，已经站起来的松下微微一笑："谁说我们是她的朋友了？"

藤岛无言以对。松下拎起便利店的袋子走向过道，长野追了过去。藤岛出其不意地抓住她的手肘。手掌中的骨骼又细又硬，他迅速扫了一眼她的手肘内侧。

长野的身体僵住了。松下脸色大变，快步逼近藤岛，给了他一记耳光。

5

　　长野和松下跑掉了。藤岛冲进她们上课的预备学校，往教室里看。这样一个中年男性，闯入了年轻人的聚集场所，却没有任何人来盘问。但是，不管在哪个教室，他都没有发现两人的身影。

　　紧急出口的门敞开着。他出了学校奔向车站，想要追上她们。他穿过商业中心，西口的大宫西武百货、车站建筑群里的 LUMINE 百货、崇光百货，然后是过东口的商业街，来到了 LOFT。他好几次叫住了和她们个头差不多的少女，招来怀疑的审视。

　　至少小公主长野是有过吸毒经历的，或者是正在吸毒。他没有发现她身上有注射的痕迹。不过可以注射的地方也不是只有手臂，而且还有不采取注射的吸毒方式。虽然只是直觉，但是藤岛坚信这一点。总有一天能问个一清二楚。

　　5 点，夕阳的强光刺痛了眼睛。他拉下了遮阳板。前挡风玻璃上的污迹很明显，遮挡了视线。他把冷气开到最大，却依然无法抵御灼热的阳光。

车子堵得水泄不通。他开着车，慢吞吞地向埼玉新都心移动。穿过人工味儿十足的建筑群，他把车停在了路面上。他打开从地方报纸上撕下来的纸条，再一次确认上面的内容。那是辻村神经科诊所的大幅广告。上面刊登着周边的地图和诊疗时间，它就在新都心车站东口那栋崭新楼房的二层。

　　诊所里的人很多。暖色调的照明和木纹的墙壁。点缀其间的，是观叶植物和游弋着热带鱼的鱼缸。室内因为人多而显得微温而闷热，中和了空调的冷气。桌上摆放着装有糖果的碗，周围的椅子基本上都坐满了人。有下班的公司职员、主妇，还有目光锁定在游戏机上的少年们。

　　藤岛把一张名片递给前台，说自己想要了解一位患者的情况。名片的主人是好多年前他在大宫警察局工作时的搭档，头衔是生活安全科股长，其本人已经退休多年。工作人员有些犹豫地让他在候诊室里坐下。

　　他花费了相当长的时间来思索和观察，似乎永远不会停止。加奈子坐在这张椅子上的时候，脑子里在想些什么呢？一名患者面无表情地盯着桌上的碗。加奈子是看着什么在等待叫号的呢？大部分患者取完药，都离开了。新的患者又补充了进来，无休无止。在等了大概一个小时之后，他被领到了诊疗室。

　　辻村是一位腹部突出的40来岁男子，他身上花哨的装饰品强调着他的个性。粗框的遮光眼镜和金印一般的戒指、宝格丽的腕表。他正在看病历和名片。藤岛重新报上姓名，坐在了圆形的椅子上。

　　"藤岛加奈子。你想了解的是她，对吧？"

"她的家人报警说她失踪了，想让警方找她。"

"失踪了……是离家出走吧？"

"也有可能是牵扯到什么案子里去了。要说起来，这种可能性更高。她失踪已经三天了。尤其是到目前为止，我们没有发现她从家里带走任何行李，也没有找到任何她隐瞒行踪的动机。"

他从手包里取出装着药的纸袋。上面写明的日期正好是一周之前。

"我们从她的行踪和朋友关系两个方面在进行搜查，对这里的诊断也很感兴趣。"

辻村对照着病历和药物。

"大夫。"

"我开的是抗不安药和简单的安眠药。"

"她在这里说了些什么呢？"

辻村摇摇头，似乎对藤岛竟然提出这个问题而感到愕然："很遗憾，关于病人的隐私，我什么都不能说。"

这回轮到藤岛愕然地凝视他了。

"她现在处于危险之中，我们没有时间了。"

"她来看病，是三个月之前的事了。一周前应该是来取药吧，我没有见到她。"

"不管是多少个月之前都没关系。"

辻村已经不耐烦了，揉了揉眼窝。

"拜托你！这可是人命关天的事啊。"

"有一点，我可以告诉你。"

藤岛默默地点点头，看了一眼桌上的病历。他心想，如果能够把病历抢过来，自己将会多么的接近女儿啊。连眼前的医生也让他产生了一丝嫉妒。

"她的父亲是警察。"

"是的。"

"但现在不是了。据她说，她父亲之前袭击了母亲的外遇对象，让对方身负重伤，三个月才痊愈，所以被开除了。然而，过了一阵子，却有一名男子拿着名片来，说要了解这姑娘的诊疗情况。"

"……"

"你觉得我应该怎么做？"

藤岛觉得喉咙和嘴里干得冒烟。

"你能让我看看警官证吗？"

"你是说我假称警察来欺诈你？"

"不过，请求我告知诊疗内容的人很多啊。那帮家伙就像鬣狗一样，想要嗅出别人的秘密。我不得不慎重。"

辻村拿起电话，问道："你拿不出警官证吧？"

"等等！"

辻村把电话用力地放下，带点演戏般的做作，黑边眼镜里的眼睛往上翻："你回去吧，我就当作这件事没有发生。"

"等等！"

"你适可而止！"

"是的，我是她的父亲。但是，她的确是失踪了。"

辻村的视线落在病历上，同情地摇摇头："我没听说这件事。再说了，你又不是警察，我什么都不能告诉你。你不是已经辞职了吗？监护权也在她母亲那儿。也就是说，你连可以来了解藤岛加奈子情况的亲属都算不上。"

"难道你眼睁睁地看着我女儿死吗？"

"来人！"

就在辻村喊叫的同时，诊疗室的门开了。一位年龄较大、看起来像是护士长的人，脸色苍白地走了进来。病人们伸长脖子好奇地观望着。但是，他们只看到转过身来的藤岛那令人惧怕的眼神。藤岛将他们撞到一边，离开了房间。他的心情尚未平静，自己对妻子说过的话回荡在耳边："事到如今你还装什么母亲样儿？"

事到如今你还装什么父亲样儿？——他觉得辻村就是在这么指责他。他回头大喊一声："我女儿要是有什么三长两短，这账可全都算在你头上！"

辻村已经开始翻阅别的病历了，他拿着病历的手似乎在颤抖。藤岛重重地踏着地面，撞开了诊所的玻璃门。

很久没有像这样情绪激动了。他使劲地敲打着方向盘。

这个混蛋懂什么啊？他只能认为，一定是病历上有什么能让他找到答案的内容，所以辻村才如此抗拒他。只有这一种可能性。就算是硬闯，他也一定要把病历抢来。但是这根本不可能。就算辻村只是给警方打个电话，都会让他惹上令人头疼的麻烦。前任警察利用刑警身份进行诈骗。那帮家伙最为注重自身的威信和面子，对辞职的警察也尤为冷酷。他服下两粒依替唑仑[①]，一

————————

① 镇静剂。

心祈祷自己能冷静下来。他开上 17 号国道，回到大宫。不对劲，他低声呻吟着，时不时地敲打着方向盘。自己曾经是警察啊，怎么会把事情办得如此不像样？不，问题不只在于刚才的争吵，从一开始就不对劲。他幡然醒悟，自己没有可靠的组织，也没有伙伴，不过只是一个脆弱的普通人。他感觉脚下好像突然一个趔趄，摸黑前进的强烈不安涌上了心头。

他一手握着方向盘，一手摆弄着手机。手机上的未接电话多得像座山。桐子说加奈子还没回来。那种声音，表明她把藤岛当作救命稻草般使劲地拽着。

"你呢？你找到她了吗？"

"还没有。"

质问来了。就在沮丧变成了揶揄，又再次转为谩骂的时候，电话挂断了。这已经是女儿消失踪影的第三个晚上了。他自称预备学校的工作人员，给松下和长野的家里打了电话。全是她们的母亲接的电话，本人不在家。当藤岛问及她们的去向，都招来了怀疑。

两天没洗澡了，身上已经发臭。他开车回到自己居住的土吕。这栋水泥砂浆建造的木结构公寓，距离车站行走需 20 分钟，周围全是田野。就这样，房租还贵得不容小瞧。室内已经变成了即来即用的桑拿房。这是个带厨房的一居室，到处都林立着啤酒罐和酒瓶，地面被塞满了漫画书和垃圾的口袋所占据。

他脱掉被汗水浸湿的衬衫，在霉斑遍布的洗澡间里冲了个凉。在他洗头发的时候、擦脸的时候，加奈子都会时不时地浮现在眼前。

他从壁橱里拽出一个旅行包，那是他当警察的时候很喜欢用的牛皮包。他把洗漱用品一股脑地扔进去，还把当警察时没收的凶器——刀刃长15厘米左右的折叠刀和特殊警棍也装了进去。在碰上兴奋剂真正主人的时候，这些东西全都是必要的。

他逃离了这个灼热的垃圾堆。等下了楼，才想起自己忘记锁门了。但他并不在意，钻进了卡罗拉，把刀藏在了仪表盘下。

9点，他给女儿的发小去了个电话，是昨晚妻子第三个致电的人。这个叫作神永珠美的女孩，把白天的时间全耗在超市里打工了。他为这么晚打电话道了个歉，又问她能否出来说几句话。她用低沉的声音回答，等电视剧结束后可以。这些家伙都不靠谱。

他们说好在老17号线旁边的家庭餐馆见面。他没想到，曾经是自己家的公寓，距离神永家那独门独院的房子居然这么近。他选了一个四人卡座等她。神永姗姗来迟，比说好的时间晚了20分钟。

她穿着七分袖的T恤和牛仔短裤。偏胖的身材缺乏曲线，一头黑发看上去也没有经过打理。她的眼皮微肿，眼睛略带些斜视。藤岛不认识她。上初中的时候，她好像每天早上都来公寓前等加奈子。藤岛点了杯雪顶苏打后说："后来，她和你联系了吗？"

"嗯？"

"我是说加奈子和你联系了吗？"

"完全没有。你瞧，连加奈子不见了，我都是从她妈妈那儿听来的。"

"最近你和她见过面吗？"

神永摇摇头。她叽叽咕咕的说话声好几次被淹没在喧嚣中。

"没有，我们已经有大约两年没见过面了。"

"两年？"

"是的，我觉得大概有那么久了。"

"是这样啊。"

藤岛在心里叹了口气，看来是找错人了。

"你和加奈子从小学起就是朋友吧？"

"嗯，是的。大概从小学五年级开始就在一起。"

藤岛点点头。七年前，他买下了公寓，所有的挫折都是从那时开始的。因为房子的高档而感到满足的妻子与女儿那自豪的神情，浮现在他眼前。

"我们好些年都不见面了。"

神永用吸管摆弄着香草冰激凌，一直望着天花板。她微斜的瞳仁流露出害羞的神色。

"倒不是说我们之间有什么不愉快。学校变了，我们各自也都交了新朋友。"

"你听说过什么吗？就算是传闻也没关系。"

她摆出一副思考的样子，但最终还是摇了摇头。

他预感到，再问下去也是徒劳，眼前的少女连女儿的朋友都算不上了。她的打扮和加奈子，以及加奈子那些时尚的同学们风格太不一样，这也反证了他的判断。

"不过我碰见过她几次。"

"碰见过我女儿？"

"我看见她走进公寓什么的。"

"是最近吗？"

"一个月之前。基本上都是我从便利店回家的时候，大约是半夜1点多。她拿着手机在跟人打电话。"

"为什么呢？"

"什么？"

"我是说加奈子。她和你在一起的时候，初中的时候，都是个好孩子啊。至少不是半夜还在外面闲逛的姑娘。"

也绝对不是在房间里藏兴奋剂的姑娘。

神永舔着长勺里的冰激凌，恍惚地说："这个嘛……"

"你的意思是？"

"啊，没什么。"

她努力装出一副大人样的表情。

藤岛皱皱眉说："你打算卖情报？"

"不是哦。不过，一般没人说发小的坏话吧？"

"你开什么玩笑！"

藤岛声音嘶哑。店里有几个散客，以及正忘乎所以谈天说地的服务员。虽说如此，但这里依然不是个适合打人的地方。神永的喉头在猛烈地抽动。

"钱我回头给你，快说！"

"现在给的话……就说。谁都不会认为我们是在援助交际。"

藤岛从钱包里抽出一张万元钞票，折叠好递给她。她把钱揉成一团塞进了口袋。

"这可解决大问题了。你看，我们家和加奈子不一样，穷啊，过得不容易。全靠父亲的失业保险金生活。高中生在超市里收银，也挣不了多少钱。"

"你快说！"

神永说出了两个人的名字，一男一女。她绕着圈子慢悠悠地开始讲。

那帮贪玩的混混是她们的初中同学。他们喜欢开车兜风，在繁华的街道闲逛，不喜欢一早就去上学，身上散发着浓烈的烟味和香水味。对于同年龄段的孩子们来说，他们带来的除了恐惧，别无他物。换句话说，他们是和小流氓们勾搭在一起的。据说，常常有人在附近看见他们开的车。

"那好像是在读初三的时候。他们开着那种改装车，或是阿飞才会开的那种大车，常常紧贴着我停下，拼命地放着吵闹的音乐。学校和叔叔你都不知道，其实加奈子老早就是那样的孩子了。"

藤岛把从家里带来的那一叠照片递给她。上面有很多加奈子的朋友和同学。

"他们是哪几个？"

神永很快就伸出了手指。那是从毕业相册中取下来的班级集体照，但不是加奈子他们班的。站得笔直的少男少女排成三排。

看来远藤那美没有参加集体合影，所以在右侧的角落里贴着她的黑白大头照。这明显是刚入学时的照片，面孔显得比其他同学稚嫩。她的头发按照校规剪得整整齐齐的，表情拘谨。她五官端正，却充满着忧郁和愤怒。

合影里的少年栋方泰博站在最边上，褐色的头发和尖下巴。

他长着一张帅气的脸，却毫无表情，让人瘆得慌。

站在他两侧的少女大概和他关系不错，也都紧皱眉头瞪着镜头，仿佛这是种美德。

"这个太小，看不清。日常照片里有吗？"

他指指桌上的日常照片，都是加奈子拍的。如果他们总是混在一起，就一定会在照片上出现。她花了些时间翻看照片，然后摇摇头说："这里面没有。"

"果然是这样。"

他一把抢过照片。他已经看过了加奈子房间里的所有相册。如果她和这帮危险分子在一起的话，他立刻就能发现。

"把钱还给我吧。你完全是在胡说八道！"

神永冷静地喝了口苏打水。

"我可没胡说。这事只有我才知道，不过我确实无法证明。"

"如果我发现你在说谎，可不是还了钱就能了事的！"

"警察可以说这种话吗？"

他懒得反驳她："行了，就这样吧。"

他现在只能相信这姑娘的话。要去证实，他既没有时间也没有人手。

他的目光落在桌上的毕业照上。初中时代的加奈子就已经面无表情。虽然美丽，却像个死人。

"这是谁？"

那是其他班的毕业照。他指着和远藤那美一样贴在右侧角落里的黑白照片。白净的男孩子脸上浮现出柔和的微笑。他是和加奈子关系亲密，笑容美丽的少年——绪方。拍毕业照的时候，他已经不在人世了。

"他怎么了？"

"他是加奈子的男朋友吧？"

"是吗？"

"他好像是自杀了吧？"

"这个啊，我不太清楚哦。"

他再一次拿出钱包，就在她的目光被吸引过来的时候，他瞅准机会狠狠地一脚踩在她穿凉鞋的脚上。她发出一声短暂的尖叫。他不动声色地环顾四周，店里依然平静祥和。

"拜托，给我好好想想！"

神永的脸扭曲得变了形。

"我要喊了！"

"拜托你！我一夜没合眼，从早到晚拼了命在找她。我女儿的命都快没了，换作谁都会大发雷霆！"

他抓起桌子角落里的烟灰缸，语调僵硬。到底是真想这么做，还是仅仅在演戏？连他自己都分不清两者的界限了。神永的脸色变得惨白："可能是吧，我觉得。"

"他和我女儿的关系好吗？"

神永点点头，前额渗出油腻的汗珠。藤岛刚抽回脚，她就反射性地抬起了腿，膝盖猛地一下撞上了桌子，晃倒了玻璃杯。冰块和凉水全洒在了桌上。藤岛对手拿抹布飞奔过来的服务员微微一笑，示意没关系。

"我觉得他们关系挺好的。加奈子她……"神永看着加奈子和少年绪方并肩而立的照片，"加奈子她从来没有像这样笑过。"

"那他是个怎么样的人呢？"

"我觉得这无所谓吧？"

"我还可以给你五张小额的。"

她抬眼试探般地看了看藤岛，但是并没有伸出手来。他把五千元的钞票叠好放在杯垫下面。她的目光在上面停留了一会儿，说道："他是不走运的草食动物。"

"你说什么？"

"过去大家常常这么说。他又弱又小，就像只兔子。他是初二的时候转学来的，好像是肾脏不好吧。他没有朋友，总是一个人戴着耳机听音乐。"

藤岛看看照片上的绪方。从脸色看来，他的确像是内脏有毛病。但是，他的每一张笑脸都充满了阳光。

"他家里很有钱，所以常常被人勒索。"

"我女儿怎么会和他关系好起来的呢？"

"不知道，真的。加奈子脑子里在想什么，谁都不知道。"

他瞧了瞧神永的脸。她的面容因为恐惧而显得僵硬呆板，但他已经不想再深究了。

"加奈子朋友很少吧？"

"这个啊……"她的视线在天花板上游走，"倒不如说，她根本就没有朋友。加奈子早就已经很成熟了。我觉得，在她眼里周围的人一定都是傻子。很明显，她只是和周围的人维持最基本的交往。在电视剧里不也经常出现这种女孩吗？她们好像早就厌烦了世界上所有的东西。"

藤岛点点头。偶尔在家里碰面时，她也是冷冰冰的，浑身上下给人一种拒人于千里之外的感觉。正因为如此，他才难以接受和少年绪方在一起时的她。

"他不是死了吗？加奈子当时的情况如何？"

"什么情况？"

"你觉得我女儿悲伤吗？"

"这个啊，记不太清了。在听到消息的时候，举行葬礼的时候，她好像都显得很平静。没人的时候，她还在读英语单词卡片呢。"

她说话的语气生硬，生怕暴露出自己的情感。

"你呢？"

"什么？"

"你也喜欢绪方吗？"

"你说我吗？"

"不是吗？"

"我不是……我……"她有点无精打采地说。

"那你为什么恨加奈子？"他捅了捅五千元钞票上面的杯垫，"你这是在报复吗？报复加奈子？"

"这可不好说啊。"神永安静地笑了，"我觉得挺孤单的，因为加奈子她变了。以前，很难想象她会和谁牵扯在一起，会和谁关系好。"

一声尖锐的惨叫声传来。斜前方座位上身穿单衣和服的女子，把咖啡洒在了下摆上，于是叫嚷起来。神永趁此机会从座位上起身。被踩的那只脚疼得不敢沾地，夸张地拖着。

"今天就到这儿了吧？我明天一早还要打工呢。"

"等等，你讲的还不够这些报酬呢！"

他又戳了戳五千元钞票上的杯垫。

"你应该已经明白了吧？"

她抽着鼻涕，努力不让眼泪掉下来。

"什么？"

"悲伤！她身边的人都很悲伤！"

神永没有拿钱就走向了出口。她没有隐藏她的眼泪。几个客人和服务员都注意到这一点，好奇地看着藤岛。

三年前 2

我被孤立了。

因为我逃避了社团的活动。到最后我才发现，对于无论是力气还是个头都比别人逊色的我来说，这条路才是正确的。

我们学校原本就盛行体育运动。我从中选择了以严格的规则和训练著称的名门——棒球队。我当时有着坚强的意志，想要改变自己的身心。

和传闻相同，训练非常严格，也很无聊。我连球都没被允许真正地碰一下。我们必须半蹲着喊叫好几个小时，还要在炎夏的烈日下，被迫一圈又一圈地围着操场跑，直到晒成黄油。

这种辛苦不仅是肉体上的，我们还必须忍受老队员的欺负和仆人般的对待。周末、暑假、寒假，全都因为训练和比赛而泡汤。还不到一年，入队的人就有一半以上都不再来了。

我也想过放弃。少了一个捡球的，谁也不会生气，谁也不会心生恨意，更不会受伤。

但是，我的收获是巨大的。瘦弱的我，再也不得感冒。百米速度达到了13秒，无论围着操场跑多少圈也不会觉得累。虽然谈不上健壮，但是我的身体确实变得很不错。

而且，我拥有了伙伴。他们全都是经受住了严格的规则和艰苦训练考验的强悍的人。我们干什么都在一起。

我们在夜深人静时一起拖着疲惫的身躯回家，在开往训练和比赛地点的大巴里打扑克。外出集训时，尽管需要早早起床练习，但是我们依然会为了喜欢的女孩子，为了无聊的小道消息而气氛热烈地讨论到深夜。我们还在社团活动室里避人耳目地抽烟。唯一的假期只有盂兰盆节和新年。可是，就算在这时候，大家还是会集中到操场上一起放烟花，或是跑到教练家里吃火锅，留下了无尽的回忆。

队长石桥是个善于投远球，能让球像箭一样飞到二垒的捕手。他过于自信，有时候俗不可耐，可他是公认的最好的击球员。他在比赛里不知多少次让我们看到了梦想。在落后于对手好几分的情况下，他依靠长打赢得了大逆转。他简直就是引领我们走出困境的英雄。

投手宫下勇敢而从不畏惧。不管处于什么样的危险局面中，他都保持略显憨厚的微笑。他的饭量大得惊人。集训时一旦端上火锅和装在船形盘里的生鱼片，一眨眼工夫就全下了他的肚。所以大家都不愿意坐在他周围。他的屁股大得出奇，运动服的裤缝常常在他投球的时候吱的一声绷开，逗得我们捧腹不已。

左外场手手塚是校学生会主席。明明每天都泡在练习里，没有工夫学习，可他总是能考进年级前十名。对于我们这些打着社团活动旗号不好好学习的人来说，他的存在多多少少是一种压力。但是每个人都获得过他的拯救。他待人诚恳，会悄悄地劝诫那些瞎欺负低年级队员的家伙们；产生矛盾的时候，他也会站出来调解。所以，以低年级队员为中心，大家都很仰慕他。我也不例外，期盼着自己有一天也能变成他那样。

有太多有趣的伙伴，我是这当中的右外场手，同时担任第八打手，有时也会作为候补坐冷板凳。毕竟这是个五十多人的大家庭。我在这当中，虽然不一定每次都是，但基本上算是获得了首发的资格。对于原本并不擅长运动的我来说，这已经是让人难以置信的壮举了。

不过这并不重要。比赛的时候，就算是坐冷板凳，我也如同在击球员的位置，准备好手套摆出架势。要是有人击出了安全打，或是奇迹般地大显身手，我都会感到吃惊、兴奋，仿佛那是自己。他们的痛苦就是我的痛苦，我的欢乐就是他们的欢乐。

我们就像同一个身体，如果看见队员反目，就算和自己没关系，也会感到悲伤。如果有人受伤，也会不可思议地发生连锁反应，就像是被什么东西附体似的，一个接一个地受伤。

所以，如果有队员不再来参加训练，像幽灵一样找不着踪影，或是转投其他社团，我们就会觉得像失去了身体的某个部分一样痛苦。还会不明缘由地生气。每次在学校里碰见都会瞪他们，或是不搭理他们。把他们当成叛徒，当成应该唾弃的掉队者。所以，我认为自己非常理解岛津他们的愤怒。因为，当花费了长达两年的时间，经过共同奋斗，终于赢得了正式队员的身份后，我却不负责任地放弃了。

我离开棒球队，并没有什么特殊的理由。或许只是因为，对这种强烈的一体感，我已经感到了厌倦。虽说是伙伴，可并不是随时随地都有温暖的友情在牵绊。

正式队员身份的争夺战，有时会演变成阴暗的斗争。如果在训练时喝水的事被人知道，都会遭到刚刚还在一起抽烟的伙伴们的群起攻击，如同在批斗被捕获的女巫。

如果体力不够好，甚至还会被低年级的队员捉弄。刚入队的新生中也有参加过少年棒球锦标赛的厉害人物，完全不能掉以轻心。所以，我们如同上了贼船。在身体中的水分几乎被完全蒸发掉的严酷训练结束之后，回到家还要做击球练习，直到手上磨出水泡。我们服用蛋白粉，缠着父母买价值数万元的手套和钉鞋。被催促一般的焦躁感随时随地笼罩着我们。

那一天，住在九州嬉野的祖父因为心力衰竭而去世。我对慌慌张张准备回老家的父母说："我去不了啊。"

九州，而且是参加葬礼，至少需要请三天假。三天啊！

一想到请假期间，自己好不容易才奠定的地位有可能受到威胁，再亲近的人的葬礼，我都得忍住不去参加。

不管是正式队员，还是坐冷板凳的候补，我并不是个例外。能够贴上号码坐到场边的一共只有15个人，剩下的只能和为数众多的低年级队员一起坐在看台上加油呐喊。我受不了。要是这样，我到底是为了什么而努力到现在啊？

我想要背上的号码。如果连这个都得不到，那么我迄今为止所付出的努力就会落得一场空。教练是个只看实力的人，不可能考虑我们的面子和自尊。

正在往包里收拾丧服的父母两人停下手来，说道：

"你去不了啊？""这倒也是啊。"

"就连今天也都还有训练呢。"

两人互相看看。

"怎么办？""我们……至少有三天都不在家，你没问题？"

"没问题。"

"也是，现在对你来说是关键时刻呀。"

"你一个人能行？"

要求明明是我自己提出来的，可是看着父母两人的脸，我却渐渐地烦躁起来。他俩也真是大好人，连面对自己的儿子，有时都会顾虑太多，因而说出些莫名其妙的话来。

这时候，他们明明应该感叹我的冷漠，为了我的任性而发火才对啊。天生性情乖僻的我，冲着又一次开始忙着收拾东西的父母说："我还是去吧。"

很早以前，每年我都要去嬉野好几次。祖父母无论何时都欢天喜地地招待我们。那里有充满乡村气息的房屋和日本茶的香味。祖父的手关节凸出得让人惊讶，每次他总是手捧着很多从地里或是冬天的温室里摘来的草莓。

每次我去，他都会给我零花钱，放在装压岁钱的红包里。他每次都让我站在黑得发亮的粗柱子前，用卷尺测量身高，然后把脸笑成了一朵花。我喜欢祖父。但是升入初中后，我还一次都没有回去看过他。

在飞机里，在电车中，甚至在到达因为上着香而烟雾缭绕的祖父家之后，我都依然一心一意地挂念着社团的事。但是，当我看见躺在棺木中的祖父的脸时，眼泪还是掉了下来。

很久没见面的堂兄弟姐妹、表兄弟姐妹和其他亲戚们见到我都很惊讶。三年前柱子上刻下的我的身高，如今只及我的胸口了。

空闲的时候，我和兄弟姐妹们一起玩耍。为了儿子、女儿们像这样带着孩子全家归来的时候有东西玩，祖父在仓库里堆满了足球、羽毛球和棒球球具。因为全都是儿童型号，所以对于现在的我们来说都已经太小了。可是，我们玩得还是很尽兴。而且，我们还围坐在一起热热闹闹地吃饭。虽然不是在自己家，但是我终于得以和父母面对面地坐在一起吃饭了，距离上一次这样一起吃饭已经很久了。因为他们两个人都上班，而且一家三口回家的时间也各自不同。

虽然很对不起去世的祖父，但我还是想说，这些天太快乐了。快乐得我几乎忘记了每天都要做的练习。在第三天的早晨，就在葬礼结束，聚在一起的亲戚们准备各自回家时，爸爸提议说："我们去泡泡温泉怎么样？"

爸爸因为是自己的父亲去世，所以请了一个星期的假。妈妈也一样。

"我们已经很久没像这样一家三口一起出门了。九州，也不是说来就能来的地方。"

开什么玩笑啊？还不赶紧回去？

如果是来这里之前的话，我或许会用尖锐的语调吼叫。但是这时的我无法冷酷地拒绝爸爸，毕竟他刚刚失去了父亲，而且我也不是不理解他的伤感。他想多看看自己的家乡也在情理之中。我点头答应了，父母意外地对望了一下。

我们开着祖父的蓝鸟去了别府，在那里住了一个晚上。第二天，我们掉头往西，去了爸爸高中时经常去玩的佐世保，在美军常常聚集的餐馆里吃了比萨饼。然后回到嬉野，在温泉旅馆住了一晚。

和棒球队外出的路上，我们总是在租用的小巴里打扑克，心情很愉快。而这时我发现，坐在轿车里望着窗外的风景发呆，感觉也不错。

最后，我整整一个星期没到学校上课。第二周，我怀着满心的不安到校上课，却并没有发现什么特殊的变化，不过只是略微赶不上课程的进度而已。在社团的训练中，我也并没有失去立足之地，右外场手的位置依然等待着我。

于是，我接过教练棒，开始按照顺序利用发球机练习击球。

发生了变化的，倒不如说是我。被人催促的感觉消失了。我不再像以前那样出席自愿参加的晨练了。在周末也常常找理由请假。

在空闲的时候，我花光存下的零花钱去旅行。去哪儿都可以。宇都宫、前桥什么的。并不是去的地方有什么特殊的东西，只是我迷上了在列车上静静地眺望窗外的风景。

当然，在伙伴们面前，我开始渐渐地遭到了白眼。对于他们来说，没有什么比不认真练习的人更让人生气的了。我也是这样，我们共享着同一个身体。看到怠慢训练的我，就像是看到了化脓的伤口。教练把我叫出来问话："发生什么事了？"

教练以为我这样做，背后一定有什么重大的原因。我无法否定，只好沉默不语。教练便与我促膝谈心，了解我家的经济状况，还提到些小阿飞的名字，问我是否和他们有来往。我无法回答。队员的家长也追问我同样的问题。他们又不是老师，却自以为了不起地摆出一副教练的面孔，让人难以接受。我连表面上的严肃表情都无法维持，强压着心头的怒火。

那一天，由于是冬季，我们主要在做慢跑和力量的训练。跑着跑着，我觉得渴了。虽然不像夏天那样渴得要命，但我还是停下脚步，去教学楼里贪婪地灌水灌了个饱。

这被岛津看见了。他如同立下大功一般跑到操场上大吼大叫，就像一边喊着"号外！号外！"一边撒传单。

伙伴们集中到操场，用看呕吐物和大便那样的目光迎接回来的我。这种目光，我恐怕一辈子都不会忘记。

我向教练递交了更换社团的申请。按照学校的校规，我们必须参加某个社团。虽说如此，也有名存实亡，并不真正开展活动的文科社团。

实际上，我递交的就是一张离队申请。教练已经无话可说，连平时挂在脸上的不满都看不到踪影。他问我这是为什么，我搪塞说是要准备考试。他还是生气了，不过对我早已无话可说。

我的心中满是后悔，觉得自己应该事先准备一个更像样的答案。在每一个人都做出牺牲，全心投入的情况下，我却为了逃离这里，用准备考试来做借口。伙伴们听到，会作何感想呢？

就在同一时期，同班同学绪方诚一死了。

全校上上下下都陷入了混乱。他死于上吊自杀。我认为他是因为被欺负才自杀的。那帮出了名的粗鲁家伙，似乎被他外貌的中性美所迷住，总是去敲诈他。女孩子也把他的衣服藏起来，用圆体字在黑板上写上"女人"什么的嘲笑他。

后来，校方和警方都宣布说，他的自杀和遭到欺负没有关系。

这么说的理由是，他没有留下遗书。而且，不管以往怎样，在他自杀前的一个月，大家停止了对他的欺辱。

在全校的集会上，无法释然的我完全漠视眼含热泪的校长，一直站到最后。绪方在饮水处哭泣，是在他死去的两周前。

我不知道他为什么要死。我和他也并不是朋友。

不过，警方的讯问还是很严酷的。据说，在欺负过绪方的学生中，有的人因为疲劳和惊吓接连好几天都睡不着觉。

　　然后，我去找她了。

　　藤岛加奈子用她浅色的瞳仁注视着挂起的遗像，双手合十，表情冷漠。在我看来，这样的姿势比任何人都显得悲伤，是最适合悼念他的姿势。

　　我去他的墓前上过几次香。我也不知道为什么要去，或许是为了没有向他伸出援手而赎罪吧。

　　不，我只是单纯地不愿意将他忘怀而已。

　　不管什么时候去，他的墓地周围都打扫得很干净。杂草几乎都被拔走，地面也留有扫帚扫过的痕迹。还常常供着水果、果汁。有时候还会缭绕着线香的青烟。我知道，那一定是她。我会羡慕他，因为她所做的一切。

　　再说到我，果然，意料之中的结局等待着我。大家都突然跟我生分起来，也不再搭理我。仅仅是这样，已经让我深深地受到了伤害。

　　升到初三，绪方的死余波殆尽，我填补了他所腾空的位置。

6

　　一打开门，便传来了餐具相互碰撞、充满家庭气氛的声音。

　　桐子站在厨房里，正在清洗平底锅。桌上扣着两人份的饭碗和汤碗。正中间，是煮芋头和烤好的白肉鱼。

　　"你要吃的吧？"

　　关上水龙头，桐子用平静的声调问。藤岛有些犹豫地点点头。他把手里的旅行包放在起居室的角落里。她什么都没说。

　　坐在椅子上，他注意到另一副碗筷是给加奈子准备的。他偷偷地看了一眼擦拭着餐具的妻子。虽然面容依然憔悴，但是淡妆和口红多少还是让她的美貌在脸上重现。

　　碗里盛好了米饭和酱汤。光是这股热气就让他思绪万千，说不出话来。他没有食欲，沉重的疲劳感已经快要把他的后背和椅背融为一体。

　　"你情绪稳定了吧？"

　　"我折腾了一整天，换来的只有疲倦。"

　　藤岛一边夹菜，一边汇报了女儿的情况。成绩优秀，却和小流氓们混在一起。被以为是她朋友的少女们憎恨。而且长年出入神经科诊所。

"神经科？也就是精神病医院？"

藤岛皱起眉头，他自己也每两周就要去一趟。

"不是精神病医院。是神经科。"

"她一直跟我说是去看牙。"桐子的脸上露出受到了严重伤害的表情，"这孩子，到底是怎么样的一个人啊！"

藤岛一直沉默不语。相似的疑问，也在他这个父亲的脑中盘旋。

这个少女，是个老老实实上学，一放假就去预备学校，想要报考国立大学的优等生。擅长英语，上初中时梦想将来成为翻译家。而另一方面，她上初中时又和小流氓混在一起，说不定现在还有关系。上了高中，她常常半夜才回家。甚至还拥有兴奋剂，和常用的人才有的工具。藤岛想起了自己的刑警时代。他见过很多成长于富裕家庭，在一流学校就读，却因为毒品和暴力毁于一旦的年轻人。难道加奈子也是这其中的一个吗？

"这孩子一定是为了惩罚我们才这么做的。你不这么认为吗？"

他在冰箱里寻找。一直暴露在强烈阳光下的身体需要啤酒的滋润。

桐子继续说："现在我也承认，我对孩子确实是放任自流。不，'放任自流'这词用得太好听了。我一直在讽刺她、无视她。因为她听了你的话，没有升入我认为理想的初中。就因为这样，我失望了，我在工作中只考虑自己的事，让这孩子一直孤单一人。"

他适当地随声附和，一口气喝完了啤酒。

"你听我说，别生气哦。听我说，你也一样。总是案子案子的，一心只想着自己的事。所以，有一天会发生这样的事情也没什么可奇怪的。这孩子已经厌烦我们了。"

失踪不是她的意愿。不存在憎恶和爱，只可能是更为单纯、更为现实的某种东西袭击了她。但是他什么都没说，只是点了点头。

"我绝对不会追问她。如果她觉得对我的折磨还不够，不回来也行。只要告诉我她过得好不好就足够了……只要能让我听听声音就好……"

餐具已经彻底干了，可桐子还在不停地擦。晚饭还剩下一大半没动，藤岛就倒在了起居室的躺椅上，从旅行包里取出安眠药，吃掉了两天的分量。桐子瞥了一眼就像在躺椅上扎下根的他，什么都没说。

他一张张地翻看着加奈子的照片。一只手里还拿着照片，就打起了盹儿。一块毛巾被搭在了他身上。这是漫长的一天。他也从没像今天这样直视过自己的女儿。自从她降临到这个世界上，直到今天，虽然比不上一般的父亲，但他觉得自己也还算见证了她成长的每一个阶段。但是，都没有今天一天所了解到的多。

和死去的少年绪方一起拍的照片，大概是在动物园，两个人并肩直立在某种动物的笼子外。是谁拍的呢？两个人都拘谨地挺直脊背，显得很滑稽。阴沉沉的天空，树木阴影中的残雪。照片上没有日期，但估计应该是初二的冬天。他们脸上那初中生典型的纯真而亲密的微笑，让他每看一次都感到心痛。

他把照片按年代分类。在初中生的加奈子周围，依然没有发现看上去像小阿飞的人，更不用说貌似毒贩子的人了。

高中生的加奈子，失去了天真无邪，而且个子长高了，胳膊腿也长长了。头发长及后背，肤色白净，显得老成了起来。就像一个把控制饮食当作义务的、朝气蓬勃的模特。加奈子是这样的姑娘吗？藤岛还是有些难以接受。那时，藤岛在一组工作，总是因为案子而无法分身。虽说如此，女儿这么大的变化，他怎么就会没有发现呢？平时的衣服、学校的制服、各种各样的姿势和丰富的表情。从古典式的微笑到露出贝齿、绽放的笑脸，她的笑容五彩缤纷，也少不了撅着嘴发脾气的任性模样。

黑暗笼罩。他注意到头上的灯不知何时灭了。这时他才发现，原来照片早已从手中滑落，自己只是在假寐中反复回味加奈子的样子而已。疲劳溶解了他的四肢，安眠药也起效了，眼前的景象变得摇摇晃晃，眼皮发沉。桐子已经消失在了卧室里。音响上的数字时钟显示时间是凌晨4点。他渴得厉害，起身到厨房，可是连半杯水都没喝完。他走向了卧室。

轻轻地打开门。在小双人床上，桐子背朝着门熟睡。他轻轻掀开被子的一角，身穿睡衣的她一动也不动。

他脱下身上的衬衫，上了床。他看见了她的睡脸。

他感到一阵痛楚，如同尖锐的利器戳进了自己的身体。那不是睡脸，她紧紧地皱着眉头，同样紧紧地咬住牙关，如同在忍耐着痛苦。他想说点什么，可她却像阻拦似的慢慢地摇摇头。

"不行！"

她扭动着身体扳开他的手臂。

"不行！"

"为什么？"

"求求你！别这样！"

一股强大的力量把他推开。这是来自本能的力量，就像试图逃跑的女性。

"在这种时候你发什么疯啊！"

"我只是……"

可恶的咳嗽涌上来，让他无法说话。

"别说了，我什么都不想听！"

"我只是想和你们从头再来！"

"你开玩笑吧？"

"我怎么会是开玩笑？"

"总之，你是在撒谎！"

"为什么说我撒谎？"

"你真是一点都没变啊，真是疯了。女儿到底情况如何还不知道，居然就在想着干这事儿！如果你真的想要重新来过，怎么会这样做？"

她往上翻着眼珠，怜悯地看着藤岛。

"我会找到加奈子的。"

"说是这么说，可是你能找到吗？真能找到吗？"

"我在尽我的全力！"

但是，"找到活生生的加奈子"这句话，他确实没有勇气说出口。

"然后呢？然后会怎么样？"

"我说了我会找到她！"他像是要掩饰无法抑制的激动情绪，说道，"一个人生活，我实在是受够了。我已经过了能战胜孤独的年龄。"

她紧绷着脸，退缩到床的最边缘。

"不管你怎么做，都不可能从头再来了。"

"为什么呢？"

"还要我说吗？你应该很清楚啊。"

"我在问你这是为什么！"

"我理解不了你！我害怕你！你……总之，和你一起生活，是我难以想象的！"

"要是这样，我……"

究竟是为了什么在寻找女儿啊？这个念头，他没有溢于言表，甚至根本就没有过。但是，桐子脸上的扭曲表情，已经远远地超出了厌恶。她喊道："我感谢你。真的，我能依赖的只有你。我还觉得，你确实有个父亲样。可是……"

"你听我说。"

她给自己裹上毛巾被，把身体遮了起来。

"你走，我已经受不了了。"

"你说什么傻话！那你叫我怎么去找加奈子啊？"

"回你自己的公寓去住，不是也能找女儿吗？"

突然袭来的疲劳，让他失去了回答的能力。

"求求你。如果你需要钱，我会准备。如果加奈子和我联系，我就给你打电话。"

她的脖子已经被他的右手抓住，剧烈的疼痛让她不禁喊叫了起来。他的食指根部被她的尖牙咬破，他还没来得及吃惊，下颚又被她的手肘击中，一阵眩晕。

他无法理解，自己明明为了你，为了女儿，愿意尽心尽力，甚至不惜冒生命的危险。而你们呢？

"你别杀我！"她说道。

不明白你在说什么。我为什么要杀你啊？他的额头上遭到硬物的重重一击，闪过一道红光。那是她手里拿的闹钟。

"你让我喘口气！"

他松开了勒住她脖子的右手。她伏倒在床上，呻吟了起来。不久，呻吟声变成了哭声……

他这时方才醒过神来，感到一阵战栗。悔恨和罪恶感。但是这在耳鸣一般的烦躁和愤怒面前立刻消失无踪——我只是想和你们从新来过，你却要给我钱。你怎么能说出这种话来呢？

他的喉头发出了打嗝般的呜咽声，热泪涌进鼻腔。他掩着胡子拉碴的脸走出了卧室，到卫生间洗脸。镜子里的他，眼睛红红的，就像孩子一样。肋骨突出的前胸和松弛的腹部，额头上小小的红色裂伤。

眼泪好像还在向外涌。他把急救箱里的消毒液喷在手的伤口上，血还没有止住。在一阵轻微的眩晕中，他用纱布把手紧紧地缠了起来。

他在起居室里徘徊，拿出橱柜里的苏格兰威士忌把自己灌醉。他拉开旅行包的拉链，穿上干净的内裤和短裤，裸露着上身回到卧室。

"去洗澡！"

她趴着，一动不动。她受的刺激有那么大？有那么厌恶我？这个女人可没那么柔弱。

他克制着自己说道："我是她的父亲。在找到她之前，我就待在这里。"

"随便你，我走。"她回答道，声音平静得出奇，"我去哪儿都行。我把所有的事情都说出来，还要报警。依靠你是个错误。就算有再多那种东西，也不能证明女儿干了坏事。而且，就算……她吸毒也没关系，我绝对能够保护她！"

"你这想法真是值得钦佩啊。"

额头上的伤口一跳一跳的疼。

"如果警察不愿意行动，我就去请侦探。就算花掉我所有的积蓄也没关系。如果不够，我会低头去求所有的亲戚。我觉得这样做才是理所当然的。"

"是吗？"

警察当然会有所行动。持有那么多兴奋剂的女高中生，警察不可能不感兴趣。或许，他们不会简单地把她当作离家出走的少女，而是会把她归入需要特别搜寻的人，还会利用媒体炒作出大事件。女儿的照片将会贴在全国所有的派出所、高速公路服务站、社区的集会场所。

单单是想到女儿会暴露在所有人好奇的目光下，他就感到一种异样的不快。

桐子从床上坐起身来。

他从短裤口袋里取出一个小口袋。那是在女儿房间发现时，用来确认的那一袋。他把封口扯开，结晶落入掌中。

桐子正在穿衣服。穿到一半停下来，凝视着他的手掌。

"你要……你要……干什么？"

"我会找到加奈子的。要找，就让我来找。"

他用缠着绷带的左手给了桐子腹部一拳。她抓住床角，呻吟道："你……真是……"

"我会保护你们，我一定会找到她。不能让那帮家伙去找！"

他想找到加奈子，紧紧抱住她。他想让桐子放心。

"你是要去那个男人那儿吧？你的话，警察才不听呢！你一提兴奋剂，他们首先就会检查你。你想让他们把你当成吸毒的疯子？比起加奈子，他们会更怀疑你！就这样你还想去依靠那些家伙？他们有那么好？"

他再次感到充满了力量。

"你一步也不许出去。我每隔30分钟给你打一次电话。如果响了三下你没接，我就告诉警察，就说有个使用兴奋剂的女人。"

"你不可能找得到。"从窗户射进来的阳光刺疼了眼睛，那是让人感到怒火中烧的强烈光线。他重新拉上了窗帘。她继续用细微的声音说："你完全不了解那孩子。"

他的心底涌上没有缘由的昂扬斗志：我一定能找到她。

7

　　他被手机铃声吵醒了。

　　阳光笼罩着卧室,热气腾腾的。他觉得自己只睡着了一小会儿。异样的不适感让他呻吟起来。口渴得厉害,汗水打湿了床单。

　　他没有看见桐子。卧室里一片狼藉。闹钟的残骸四处散落,墙壁被砸出了坑。他伸手从短裤口袋里掏出了手机。

　　"喂。"

　　"我是浅井。"

　　"什么事?"

　　"您现在在哪儿?"

　　"在以前的家里。"

　　他慌慌忙忙地打开卧室门,听见了浴室的水流声,松了口气。

　　"我想尽快和您见个面。"

　　"不行。"

　　"就一会儿。能让我上门拜访吗?"

这家伙连珠炮似的说着，也不问问为什么藤岛说不行。他们都非常清楚这种问题是浪费时间。公家的拜访可不是拜访。

"发生什么事了？"

"我有照片给您看。"

被案件搅乱人生的可不只是被害人和嫌疑人，第一个到达案发现场的人也常常好几天都不能正常地生活。这一点，他自认为非常清楚，可是当自己处于这个立场上时，才真正认识到这是怎样的一种痛苦。

"你恐怕是要拿些有意思的面孔让我看吧？"

迄今为止，他已经被迫查看了好几十张剪辑的照片和面部照片。

"嗯，恐怕是这样的。"

他即将在照片上看到的，可能是活动在被害人周边的人：眼镜青年——小山顺平；酒吧女老板——安田伸子；全家便利店打工店员——川本浩。

他深深地叹了口气。对于他来说，现在的一分一秒都相当珍贵。他想要更为接近加奈子，哪怕进步只有一点点。

"你不要来公寓，你知道我老婆讨厌警察。这附近有一家家庭餐馆。"

他把昨晚和神永见面的餐馆名字告诉了浅井。

"我知道了。"

挂了电话，他走向和浴室连在一起的卫生间。淋浴的声音还在持续。

"喂！"他隔着拉门喊道。没有回应。他打开门，透过缭绕的水雾，看见桐子正在一心一意地用海绵洗身体。她是从什么时候开始洗的呢？被泡沫覆盖的白色肌肤上，随处可见搓得通红的伤痕。

他走过去抓住了她的手腕。他的短裤被洗澡水打湿了。

"够了！"

"你放手！"

她面露讥讽的表情，试图继续清洗。仿佛被藤岛碰过的身体，已经肮脏得怎么都洗不干净了。

"你赶快出来，给我老实待着！"

她害怕地缩起身子，用大眼睛看了他一眼。

"这全都怪你！"

"我出去了。听好了，你一步都不许离开这个家门！"

他浑身是汗，裹挟着水汽走出了浴室，在厨房里洗脸梳头。梳子碰到额头上的伤口时，让他不禁叫了起来。

他走着来到家庭餐馆前，里面几乎没有客人，除了几个正在吃早饭的上班族。浅井已经到了，坐在一张靠墙的餐桌旁喝咖啡。旁边的卡座里还有一名身穿马球衫的刑警，可能是浅井的搭档。不是昨天见过的那个警察，而是个年轻人。浅井站起身来对他鞠了个躬。

"休息日还一大早就来打扰您，很抱歉。"他一坐下来，浅井便盯着他带伤的脸说，"您怎么了？"

"没什么，就是没睡好。"

"我没打算刨根问底……"

藤岛露出好色的笑容。

"我或许能和老婆重归于好了。"

"真的？"他吃惊地睁大了眼睛。

"你不相信？"

"老实说，我觉得很意外。"

当刑警的时候，他曾经借着酒劲儿带浅井回过几次家。桐子连个招呼都不打。而且，浅井也知道藤岛闯了祸。重归于好，这话恐怕连三岁小孩都不会相信。

"她感冒了，从前天开始越来越厉害。我在照顾她。"

"是这样啊。"浅井的眼睛露出刑警独有的目光。

"我能问您一件事吗？"

"你不是说不打算刨根问底吗？"

"您女儿现在在哪里？"

"和朋友去九州旅行了。"

浅井的额头上冒出了细密的汗珠。在一旁竖着耳朵听他们交谈的年轻刑警反复打量着两人。

"股长……"

藤岛抓起手机。

"你以为我在干蠢事？"

浅井没有回答。

"你以为我把老婆和女儿软禁了？"

"不是，怎么会呢。"

他立刻给自己家里打了电话。在铃声第三次响起的时候，电话通了。

"喂。"

那是一种失魂落魄的声音。

"是我。你现在烧到多少度？想让我带点什么回家？"

"你……到底是在说什么？"

"原来在局里和我一起的浅井，你还记得吗？他想和你打声招呼。"

浅井接过电话放到耳边。

"很久不见了……是啊，正好提到您……是吗？好，请您多保重。"

短促而慌忙的对话结束了。藤岛接过手机，用眼睛询问他。

"……对不起。"

"你有事赶紧说吧。我可不能把病人扔在家里不管。"

他把电话放在耳边，对桐子说："是我。"

"你到底在演什么戏？"

"我马上就回去了。"

他挂上电话，打断她的喋喋不休，对表情尴尬的浅井说道："她向你求救了？"

"没有。"

"你问她我女儿去哪里了吗？"

"没有。"

"你问她为什么叫我回家了吗？"

"没有……不过情况我已经清楚了。"

"那还用说吗？"

"对不起！"

浅井深深地低下头，让旁边的年轻刑警看得目瞪口呆。

"你接着说。"

"请看看这些。"

三张面部照片在桌上一字排开。是三个年轻人的大头照，头发的颜色各不相同，但这些照片都是在接受收容教育、验明正身的时候拍的。也就是说，他们都有过被收容教育的经历。第一个青年染成金色的头发长及衣领，像个美国佬。第二个青年皮肤晒得像冲浪运动员一样黑，留着褐色的披肩发，二十来岁。不知道是不是为了显得时髦，他还在前牙镶了一颗金牙。

还有一个人年龄不详。剃着光头，嘴边、下巴上全是邋遢的胡子。耳朵、嘴唇、鼻子，所有的地方都穿了孔，戴着环。从右额到脸颊有一条伤疤，像是被刀砍的。这光头眼神黯淡，目光空洞，精神恍惚似的微张着嘴。

藤岛良久地注视着这些照片，似乎忘记了时间的流逝。

"您怎么了？"

浅井的声音让他回过神来。

"长得不错的一群小鬼嘛。"

他装出一副漠不关心的样子，把照片扔在桌上。

这个光头，和与加奈子纠缠不清的栋方长得极为相似。虽然和毕业照上的风格完全不同，但是缺乏焦点的空洞目光，没有任何改变。

"我不知道。我再说一遍，那天下着瓢泼大雨，根木什么都看不见。"

"不会有错吧？"

"他们长得这么夸张，要是在那儿晃悠，就算我不愿意，也一定会看见。"

服务员端来了煎鸡蛋卷和面包的早餐。他把照片推在一旁。

"被害人也有前科吗?"他问的是在店里被割喉的小山。

"他好像和一个流氓团伙有关系。名字叫'启示录'。"

"启示录……"他在记忆的仓库中搜寻,"这个团伙的几个老成员,是给石丸组干活的吧?"

"是的。"

"那起杀人案,不是小鬼们干得了的。"

浅井喝了口咖啡说:"或许吧。但是,这可是大名鼎鼎的启示录啊。三年前的初中生谋杀案,恐怕也跟他们有关系。那帮家伙,真是狡猾奸诈、臭名昭著。"

"哦。"

"不过,现在组里大部分人都被派去调查违法的外国人了。上头好像和股长您一样,觉得这种谋杀案小鬼们干不了。"

浅井比平时爱说话,甚至还时不时地谈及本应保密的搜查情况。但是藤岛都当成了耳边风。他的注意力完全集中在了那个名叫栋方的少年身上。

他借着凉水胡乱地咽下了早餐。等所有的食物都下了肚,他便扮成担心生病妻子的丈夫,匆匆忙忙地走出了餐馆,给加奈子的初中打了个电话。一个男性办事员态度冷淡地接了电话。

从前的班主任东里惠已经去参加网球部的训练了,她是教练。看来她没有调动,依然在这所学校工作。藤岛请这位男子帮忙叫一下,可是他却嫌麻烦,说回头再让东里惠回电。藤岛把自己的姓名和电话号码报上去，便挂了电话。反正初中近在眼前，他可无法老老实实地等着。

他徒步走向学校，路上回头看了好几次。等他穿过学校大门的时候，汗水已经把衬衫湿透了。教学楼里看不见人影。在阳光照耀的操场上，无数个运动队员正在呐喊着洒落汗水。他闻到了干燥的尘土味儿。在铁丝网围起来的网球场里，回荡着少女们的叫声。她们正在追赶着颜色暗淡的土白色软球，勤奋地练习着。东老师在球场后方面无表情地注视着她们。她比学生们要高出一头，戴着遮阳帽，脸被晒成浅黑色，年龄大概超过了三十五岁。

藤岛报上姓名，并说明了来意，东老师脸上的表情变得严厉起来。

"您刚才给我打过电话吧？"

"我听说您还在这里上班，就放心了。"

"您是想问问藤岛加奈子的事吗？"

"她三年前是老师您的学生。"

"我记得很清楚，不过……"

藤岛告诉她自己和妻子离婚的事，也告诉她抚养权归加奈子母亲，自己和加奈子能够见面的时间非常少。他尽量让自己显得诚恳。

"这样的命运，都是我长期以来只顾工作造成的。我知道从头再来是不可能的，但还是想多了解她一些，总比现在这样一无所知的好。"

她的脸被遮阳帽的阴影所笼罩，但是藤岛清楚，她的眼神充满了怀疑。

"您原来在警察局工作吧？"

"我已经辞掉警察的工作了。现在是民营企业的员工。"

"您是像这样一个个寻访了解您女儿的人吗？"

"您觉得我这样做没有意义？"

"对，我觉得可能会适得其反，如果您采取这种刑警讯问一样的方式。"东老师一边关注学生们的练习情况，一边继续说下去，"不过，我了解您的心情。我家也有一个小女孩。一旦关系到自己的孩子，家长都没有办法保持冷静。"

东老师的脸上泛起微笑。然后她默默地捡起脚边的软球，扔给一名正在挥拍的队员。她没有用太大的力气，柔软的球划出一条抛物线，落在了地上。不过，队员像个上了发条的娃娃一样，朝着东老师深深地鞠了个躬。

东老师向这群少女拍拍手，给出了指示，然后朝着教学楼走去。他们穿过清冷的教工入口，走进办公室。东老师请藤岛坐在待客的旧沙发上，给他倒了一杯大麦茶。

藤岛称赞了她的记忆力，她居然还记得早在三年前就毕业的学生，甚至还记得学生父亲的职业。如果不是留下了相当深刻的印象，是不可能办到的。听了这话，她耸耸肩说："这是有原因的。"

她把手里的明信片递给了藤岛。这是一张背面印着牵牛花插图的暑期问候明信片。用彩笔写下的文字简单地汇报着自身的近况：为了准备高考而忙得不可开交。这确实是加奈子的笔迹。

"她会这样时不时地给我来封信。不过，就算她不和我联系，我也一定能记住她。"

"我女儿是一个让人印象深刻的学生吗？"

"是的。她非常聪明，而且有一种超越了可爱的美丽。她虽然不是强调自我的那种类型，但是却充满了吸引力。"她凝视着明信片继续说，"而且，她很清楚怎么做能讨人喜欢。你瞧，过了这么多年还能收到她的明信片。我当老师已经很长时间了，还没碰到过这样的学生。"

"那么……"

她打断了藤岛，说道："我知道，您是想问他的事情吧？"

"他？"

"您不知道？"

"不，我知道。我听说女儿当时有个男朋友，也知道他自杀了。"

"那一天发生的事，我恐怕永远都忘不了。"

"对加奈子的打击很大吧？"

"那时候，每个人都受到了沉重的打击。"

"我听说，我女儿当时显得并不是那么悲伤。"

"谁说的？"

"在这个世界上，并不是所有人对我女儿都怀有好感。"

"表示悼念，并不仅仅只有哭泣这一种方式。"

"这倒也是。"

可是不管怎样，加奈子一个字都没对藤岛提起过。

藤岛拿了一摞照片给东老师看，他指着远藤那美和栋方泰博两个人说："是因为绪方去世，加奈子才和他们开始来往的吗？"

她用有些含混不清的声音说道："他们俩也绝对不是坏孩子。"

"这个栋方，是一个叫做启示录的流氓团伙的成员。"

"您调查得很清楚啊。"

她露出了惊讶的神情。藤岛确信自己没有看错人，光头少年就是栋方。

"是加奈子母亲请求我这样做的。女儿和我们俩有好些年都不交流了。她是个聪明、坚强的姑娘。她可能是打算和我们断绝关系，依靠奖学金上大学，独立生活。正因为如此，我们才希望能够尽量了解她的过去。我也知道，这样说很自私。"

但这不是信口开河。藤岛感到，如果现在不找到加奈子，就再也看不见她的身影了。

东老师的视线让他觉得不舒服。她目光炯炯，流露出试图分辨真伪的眼神。

"加奈子有一段时间不愿意来上课。别说学习了，就连吃饭和睡觉都不能保证，所以她的脸色很难看，也很憔悴。就在她刚上初三的时候。"

"啊？"

"一定是因为绪方以那样的方式告别人世，让她的精神遭受了巨大的打击。不过，直到现在我都觉得原因不止这一个。尽管她本人干脆地否定了我的想法。"

"是毒品吗？"

东老师吃惊地睁大了眼睛，然后深深地叹了口气。

"我当时很犹豫，不知道该不该告诉你们做家长的。很明显，她是在了解毒品有多可怕的情况下吸毒的，就像是在慢性自杀。"

"我完全没有注意到。"

"我觉得她是在责备自己，比任何人都更为严厉地责备自己。我们都试图慢慢从悲伤中解脱出来，而她却相反。连回归平常的生活都是她不认可的。栋方他们有办法搞到毒品。我们连想都想不到的东西他们都能找来。"

"然后，我女儿……"

东老师的表情又被痛苦所笼罩。

"说实在话，关于那段时间的印象有些模糊了。不管怎么说，三年前发生了很多事情，从绪方自杀开始。"

"哦，是啊。"

藤岛想要回忆起什么来。三年前，这所中学还发生了令人震惊的学生谋杀案，有几名学生因此而丧生。那个案子应该是……

东老师重回正题。

"后来，等事情有所平息之后，我和她谈过话，劝她不要再吸毒，也不要再和栋方他们来往。"

藤岛点点头，虽然觉得她只是在一派胡言。

东老师正视藤岛的脸，问道："您打算见他们吗，栋方、远藤？如果想见的话……"

他摇摇头："不用了。就算我把过去翻个个儿，情况也不会发生改变。重要的是，我们该如何去面对女儿。"

"她那么聪明，总有一天会明白的。"

藤岛站起来，伸出了手："能和您聊聊，真是太好了。"

他握住她的手。晒黑的手像少年的一样大，手掌也很厚。电风扇吹过来柔和的风，拂过她的头发。在他辞别的时候，她突然问："她好吗？"

"她好像挺忙的，事情多。"

他略施一礼，走出了办公室。秋蝉像刚点着、低吼的引擎一样叫唤起来。

日头依然很高，刚一走出楼门，他就闻到一股浓烈的尘土味儿。磨薄了的鞋底传来柏油地的热度。棒球少年们像瘦弱的野狗一般喘着气，拖着幼小的身体从通道走过。他们或许是渴了，渴望地把目光投向饮水处。

他用臼齿磨着沙粒。在穿过校门的时候，他辨认出了加奈子的身影。她从自己身边走过，拎包的胳膊纤细得像树枝一样，脸色苍白。他把手搁在前额挡住阳光，问道："你没事吧？"

加奈子只是无力地笑了笑。是嘴角上挑的、略带讽刺的笑。她好像说了些什么，但是根本听不清。她向远处走去，摇曳的身影消失在如同烟雾般升腾起来的炽热空气中。

三年前　3

我在放学后的走廊里奔跑，双手被粗铁丝反绑在身后。

从我身边经过的学生们，有的惊，有的乐。我却在这热闹的人群中，陷入了深深的孤独。

"停下！""你别想逃！""抓住他！"

高声喊叫着朝我追来的人，同样数量众多。跑在最前面的是A、B，还有比我还矮小的应声虫C。

我认得他们，名字也都清楚，可就是不愿意想起来。接着，我看见了岛津的小平头。

我脚下一绊，却又无法用手臂支撑自己，因而直接扑倒在地上。他们轻而易举就包围了我，无数条像柱子一样的黑腿遮住了我的视野。岛津抓住手腕把我拉起来。

"跟我来，混蛋！"

我被他拽着倒退着走，步伐踉跄，东倒西歪，几乎要一屁股摔到地上。穿过走廊，上楼。到了三楼，继续往上，能去的地方只剩下一个——屋顶。

他们的声音在天花板上回响。本应锁好的门开着。据传，有学生偷来了办公室里保管的钥匙，配了几把。我的牙齿不禁开始轻轻地打战。

我依然双手反剪着被捆绑在身后，推倒在地上。从混凝土裂缝里冒出来的杂草和泥土钻进我嘴里。

有人开口了。

"事到如今，我也不会再叫你去参加训练了。你这种人，早就跟我没关系了。"岛津皱着眉头继续说道，"不过呢，你也不能走啊。白痴，你这是要去上补习班？真让人恶心！你就在这待着，一直到我们训练结束！听到了吗？"

"你也想上补习班是吧？想去就去啊！"我说道。

这家伙，还有不属于棒球队的 A、B，眼睛都瞪成了三角形。

"你说什么？你说什么，混蛋？！"

"这家伙没搞清状况啊！"

好几条胳膊伸了出来，稀里哗啦地抽掉了我腰间的皮带。

"住手！"

裤子被扒掉了。大腿被冰冷的空气所包裹，我在恐惧中翻滚着，耳边响起疯狂的笑声。我屈膝抵抗，却听见了衣服被扯破的声音。鞋子也掉了，下半身只剩下短裤。极度的羞耻直冲我的脑门。

岛津挑着我的裤子走了，带着满脸挥之不去的恨意。

"这么一来，他就算是想回都回不去了！不过，没准他天生就喜欢这副模样走在大街上呢。"

让人厌恶的笑声响了起来。

"走喽走喽！"

他们心满意足地转过身去。

"等等！"

他们拿着我的裤子，离开了屋顶。

"等等！"

他们的脚尖在混凝土地面上滑动。门关了，传来了锁门的声音。我一遍又一遍摇晃着绑在手腕上的铁丝，终于解放了我的手腕。皮破了，渗出血来。我跑到门边，抓住把手，可它只是在空转。

楼门在我的敲打下发出刺耳的声音，可是依然没有任何人回应。

"混蛋！"

我离开大门，在屋顶上漫无目的地走来走去。五月的风，把我裸露的双腿刮得冰凉。一想到自己真的会被关在这种地方好几个小时，我的内心就充满了恐惧，挤占了愤怒的空间。我感到恶心，倚靠在围绕屋顶四周的铁丝网上。

在建筑物的下面，好几个学生下课了，正在愉快地准备参加社团的活动。

仿佛只有我一个人，被抛弃在了另一个遥远的空间。可怕的想象占据了我的脑海。这帮家伙在各自挥汗练习之后，会不会彻底忘记我还被关在这里，而是直接和伙伴们跑到小吃店去胡吃海喝呢？

一种神经快要断裂的感觉折磨着我。

"畜生！"

穿过铁丝网，地面看上去离我相当地近。明天、后天、大后天……这样的屈辱，难道我将要一直面对下去吗？

这么一想，坚硬的柏油地面因为它的黑暗而充满了吸引力。我有种预感，它一定会轻柔而温暖地迎接我。

我从头到脚整个身体都倚靠在铁丝网上。这样的话，说不定铁丝网会松动，就能让我和它一起落下去了。可是，虽然我晃动了好几次，铁丝网却出人意料地结实，阻止我朝着黑暗倾倒。

不过没关系。阻挡我的铁丝网，本来也就只到我胸脯这么高。只要我爬上去……

我猛然醒悟，使劲地把似乎已经粘在地上的脚拔了起来，往后退了几步。自己的身体砸在地面的场景出现在我眼前。

我浑身激起一阵冷汗，就像被泼了一身水。每当风吹过，脊背都感到一阵冰凉。我用制服的袖子擦了擦汗，绪方上吊自杀后的那张脸在脑中闪过。我竟然将重蹈他的覆辙？

开门的声音突然响起，吓了我一跳。

我条件反射似的去寻找藏身之处。假如他们又心血来潮回来的话，我一定还会遭殃。而如果不是他们，我也不愿意被人看见自己这副模样。但是这个宽阔的混凝土广场，又哪里会有藏身的地方呢？我只好站在那儿一动不动。

我恍惚地张开了嘴。

出现在我面前的是藤岛加奈子。

风吹动着她及肩的长发。她认出我来，收收下巴，惊讶地站住了。看上去似乎是在不耐烦地说："怎么又是你啊？"

"你在干什么，在这种地方？"

"嗯，我……"

她自上而下毫无顾忌地看着我。太羞耻了，从屋顶上跳下去的冲动再一次俘获了我。

她没有要走的意思，而是在包里一边寻找着什么一边说："你喜欢这样？"

"啊？"

"我是说，你喜欢被绑着扔在这儿？"

她的视线落在我的手腕上，那里还留有捆绑的印记。

"怎么会呢?"我叫起来,声音大得连自己都觉得傻,"怎么可能呢?"

"我是在开玩笑。"

她扬起嘴角微笑着。太好了!她没有显出冷淡的态度,也没有逃避。只有她没有。

"天气还有点冷啊。"

她用手按着飞扬的头发,另一只手里拿着一个黑色的瓶子。

她拔出瓶口的软木塞,直接对着瓶口喝下了什么。她这个突然的动作,让我感到有些不知所措。

"那是……"

"你这样冷吗?喝点吧。"

"……谢谢。"

她把瓶子递给我,葡萄和酒精的甜香从瓶口散发出来。我胆怯地把它放在嘴边——确实是红酒。虽然我抽过几次香烟,可是酒味还尚未习惯,呛得我差点咳起来。

嘴里留着一点淡淡的苦味,而胃却被柔和的温热所包裹。

"你怎么带着这种东西?你经常来这吗?为了喝酒?"

"这个嘛,我总不能在教室里喝呀。"

我把酒瓶还给她。她把瓶子放在嘴边,又喝了一口。她喝酒的姿态可以升堂入室,不像我们是在逞强,而是充满了成熟感,仿佛她有某种饮酒的必然理由。

"你的裤子呢?"

阴郁的情感又一次占据了我的心灵。

"……不知道,可能是在社团活动室。"

"社团活动室?"

"就是棒球队。我以前是棒球队队员。"

"现在这个时间,房间里会有人吗?"

"我想应该一个人都没有,现在的话。"

"是吗?"

"你打算去吗?"我不禁突然大叫起来。

"你打算穿成这样在校园里走吗?"

我拼命地寻找词汇,不知该怎样回答。

"去的话可能会给你带来麻烦。"

"啊?"

"这种事……我一个人承担就行了。"

"那么,如果发生什么事,你会保护我吗?"

"什么?"

"我是开玩笑的。"

她把酒瓶又一次塞到我手里,转身走向楼门。

她一离开,我就被一阵丧失感所侵袭,如同胸膛被开了一个孔。她的书包、还没喝完的酒瓶子都还摆在这里。不过,就算藤岛扔下所有的东西走掉,我也不会觉得有什么奇怪的。

我的脸火辣辣的,头部发麻,像针扎一样地疼。虽然我知道很容易被人发现,但还是又喝了一口酒。虽然味道算不上可口,但是一想到这样做或许能和她拥有共同的秘密,口中的滋味就变得格外特别。

楼门还敞开着。这样下去,巡视校园的老师有可能会上来。如果他看见我只穿了条裤衩,怀里还抱着个酒瓶,不知会怎么狠批我一顿呢。

我虽然害怕，但还是决定让门就那样开着。

有人上楼了。我咽了口唾沫，盯着门口。出现的人还是藤岛，手里拿着我的裤子。

"找到了，确实在那儿。"她快活地举起裤子给我看。她肌肤胜雪的脸颊不知是因为喝了酒，还是因为兴奋，泛起了红潮："话说回来，那社团活动室可真邋遢啊。裤子被扔在地上，都弄得这么脏了。"

她拍拍裤子上的灰，递给了我。我的眼眶湿润了，周围的风景还有她的身影，都变得歪歪扭扭。我紧紧地咬着嘴唇，抬起了头，强忍住没有掉下泪来。

"谢谢！"

她耸耸肩膀，代替了那句"没关系"。

我走到屋顶的尽头，躲起来穿上了裤子。虽然自己穿着短裤的样子已经暴露在她面前，但是要当着她的面穿上裤子，却依然有些迟疑。

"我还要在这里待一会儿。"

她从包里拿出一册文库本，然后背倚着水塔坐了下来。酒瓶就放在手边，她或许经常都这么做吧。有墙壁挡着风，阳光暖暖地洒在身上，心情一定是很舒畅的。

"这是你第二次帮我了。"

"是吗？"

我鼓起勇气直接问道："你也这样帮过绪方？"

她似乎没料到我会这么问，轻轻地扬起眉梢望着我。她的琥珀色眼珠让我有些迟疑，但我还是继续说道："以前，我在池袋看见过你们。你们在一起，看上去挺高兴的。"

她的视线落向远处的风景。在她目光所及之处，是荒川河与河滩上的大广场。我感到不安，担心她会生气，但话却没有停下来。

"所以，在那之后我一直很担心。"

"担心？"

"我为你担心。我想，绪方的死一定会让你受到打击。"

她轻轻地笑了起来。

"原来也有人在观察我呀。"

"……对不起。"

"没关系。不过，你是第二个这么对我说的人。"

"第二个？"

"第一个是我现在的班主任。"

"班主任？东老师？"

我的脑海里浮现出女老师那张被阳光晒得黝黑的脸。她是位体育老师，也是女子网球队的教练。她很受学生欢迎，敬仰她的女孩子们经常姐姐长姐姐短地称呼她。耍贫嘴的男孩子们则揶揄地叫她"女战士"。

"东老师为什么会这么说……"

"这个嘛，我已经忘了。"

她把酒瓶一斜，放在了唇边。似乎这么一口一口地喝下去，就能把绪方的死抹杀得一干二净。

"我第一次遇到诚一，就是在这里。"

"啊？"

"和你一样哦。恰好就在我想要从这里跳下去的时候，诚一出现了。那小子，总是被人欺负，常常一个人跑到这里来哭呢。"

"等、等等，你想跳下去……这是怎么回事？"

她轻描淡写的一句话，让我备感迷惑。藤岛只是望着远方，浅笑道："诚一说：'你和我一样啊。'他就这么拯救了我。"

我不知该如何表达，虽然我有无数问题想要弄清。跳下去，指的是她像我一样打算自杀吗？为什么你要寻死呢？"一样"又是指什么？难道你也同样被人欺负？

"时不时在他墓前上香的，是你吧？"

我犹豫良久，最终还是点了点头："嗯，对……是我。"

"谢谢你！"

她笑了起来，眼睛就像一弯新月。脸颊露出小酒窝，让我心跳加速，像要蹦出来似的。

然后她又把酒瓶递给了我。

"还喝点吗？"

我点点头，坐在她身边。一种不可思议的感觉将我包围，带着些喜悦，也掺杂着几分寂寞。

"不知道我能不能像绪方那样。"

"嗯？"

吹来的风将我的话打断。我或许是醉了吧。

我不敢抛出自己的疑问。最后，我依然对她一无所知。尽管如此，有一点我还是清楚的。

她的心如今仍然停留在绪方身上，在那个像女孩一样瘦弱的少年身上。

　　我偷偷地看了一眼她的侧脸，再次轻声问自己：“我要怎么做，才能像他一样？”

　　我希望，她能对我露出曾经展现给绪方的笑容。

　　我嘴里噙着已经被喝掉不少的红酒，任凭这个念头在脑中不断盘旋。

8

藤岛驾车驶过西部图书馆，朝日进方向开去。

穿过停放着废弃自行车的商业街，他开进了大路边的小巷子。收音机里传来的流行音乐，让暑热变本加厉。商业街背后，是前些年的新兴住宅区。一栋栋房子整齐划一，却已显露出破旧。他把车停在路边，很快就找到了那家人的房子。玄关的名牌上，已经磨损的字迹依然可以辨认：栋方。

升入高中的加奈子过着怎样的生活，又是如何落到失踪这步田地的？不解之处数不胜数。但是他感到，至少在前进方向这个问题上，他已经有了眉目。

她是个具有两面性的少女。一方面，她成绩优秀，立志于报考名牌大学。另一方面，她又无法和毒品一刀两断，一只脚已经踏入违法的黑暗世界。或许，她还不满足于自己一人沉沦，将身边的同学也拉下了水。长野就是个例子。毕竟她是头脑敏锐的加奈子。最初，她沉溺于毒品，如同患上了依赖症，连饭都不能好好吃。而后来，她却找到了折中之计，避开了不归路。聪明如加奈子，能做到这一点也没什么值得奇怪的。

一般说来，毒品给人的印象大都很极端。它会带来绝对的精神依赖和使人变得残暴的兴奋，会让人在幻觉和妄想的顶峰犯下穷凶极恶的罪行，被约束在医院中失去自由。不过，这样的结果需要对毒品长年累月的极端滥用。现实没有这么富有戏剧性。大部分人会因为失去资金来源，或是被司法机关切断了毒品来源，只好自然而然地戒毒。也有人会十年二十年地继续吸下去。或许，她自己已经干脆彻底地戒掉了毒瘾，而一心一意地转向了贩毒。

　　这样做的结局，就是她陷入了不得不销声匿迹的境地。他不希望自己猜中了答案。可是，毒品往往笼罩着暴力团伙的影子。如果不是她自己选择了逃离，那么真相就只可能是最糟糕的那一个。

　　他按下了门铃。似乎是坏了，门铃并没有响。他敲敲大门，还叫了好几声。就在他手掌的骨头开始发麻的时候，门的另一侧终于有了声响。

　　"您是……哪位？"

　　传来了中年女性胆怯的声音。

　　"我是警察。"

　　没有回应。在短暂的沉默之后，门开了。一位小个子女人站在门口，身上的连衣裙皱巴巴的，头发系在脑后，脸上的妆容却一丝不苟。

　　但即便是这样，也难以遮掩嘴唇上的疮痂和眼球底部出血的痕迹。仰视的眼睛在不断地轻轻转动，暴露出她内心的不安。

　　"您……"

"我是大宫警察局的藤岛。"

他拿出了以前单位的名片。他出于留恋而一直保留着名片，却从来没想到有一天它会再次派上用场。这位看来应该是栋方母亲的女人并没有让他出示警官证。

"泰博在家吗?"

"我儿子又惹什么事了吗?"

"没有，他没做什么。不过，他认识的一个男人卷入了一起伤人事件，所以我来找他了解一下情况。"

这位母亲的姿态没有任何改变，拿着名片的手颤抖着。一股加热酱油的气味从屋子里飘过来。

"真的吗?"

"是啊。那么泰博在哪儿呢?"

"他现在不在。"

"他去哪儿了?"

她无力地摇摇头："对不起，我也不知道。"

"那您能猜到他在哪儿吗?"

"有那么几个地方吧。不过他三天前出门后就再也没回来过。"

三天前。加奈子消失踪影也是在同一天。

"他三天前大概是几点钟出门的呢?"

母亲的脸上笼上了阴云。

"我想应该是在傍晚时分，他连晚饭都没吃就出去了。我儿子真的什么都没做?"

"他没事。"

"我觉得他可能在朋友家里。"

她举出了儿子几个朋友的名字，把他们家里的电话和地址写在了纸条上。

"晚上的话，他常常在第二公园的河边上。"

"河边上？……是芝川河吗？"

她点点头。芝川河是从北向东流经大宫的一条小河。大宫第二公园的河边，被广阔的田野和空地所包围。八月末那里还会举行烟火大会。在夏季的夜晚，暴走族和小流氓们也常常聚集在那儿。

"如果他回来，您能让他给我来个电话吗？打我手机就行，写在名片后面了。我一般都不在局里。"

"好的……"

"顺便问一句，您的伤，是被儿子打的吗？"

她身穿长袖连衣裙，想来也是为了遮挡伤痕。她抬起头，排斥般地否定说："不对，不是那样的。不是你想的那样。"

她的表情变得僵硬，逃避似的关上了房门。

他把视线移向狭小的庭院。长满杂草的地上，躺着一辆没有轮胎的小摩托车。到处散落着油罐和饮料瓶，废弃的带锁小狗屋已经一半都风化成了木头屑。荒废的庭院栩栩如生地把这个家庭的环境描绘了出来。

他回到车里，给栋方的朋友们打电话。没有一个是本人接的。有两个是电话录音。还有一个，接电话的是一位已经有些糊涂的老人。最后一个应该是位母亲，她坚决声称"不认识什么姓栋方的人"。

他穿过狭窄的小巷子，开上了 16 号国道，慢吞吞地围着埼玉市转圈。不久便来到了有着大片广阔田野，以及高大芦苇和繁茂杂草的芝川河畔。从公园的露天泳池传来孩子们的叫声。河边上的停车场已经没有空车位了，虽然其中有三分之一的地方都被废弃的汽车残骸所占据——玻璃破碎、没有轮胎，贴满了黑市金融的传单。到处都丢弃着电池、后视镜、零件一类的东西。坚固的混凝土地面留下了无数鲜明的轮胎印。这里依然是那帮家伙聚集的好地方。现在还是白天，这里停满了出租车和公司的销售车，为了开空调，这些车全都开着发动机。

还没到他们上场的时间，藤岛再次钻进了汽车。

藤岛给松下和长野家去了电话。松下家是电话录音。长野家接电话的像是她母亲，冷淡地说她出门了。他驾车来到大宫站西口，3 点钟。他把车停在车站的楼顶停车场，走向了预备学校。购物中心的噪音、人山人海、炎热的天气，和昨天同样的风景，同样的感觉。

他轻轻地推开教室门，课正上到高潮。宽敞的教室里挤满了学生，露出各式各样的后脑勺。他寻找着黑色长发和橙色脑袋。

他在窗户根底下发现了松下的身影，黑发在阳光下熠熠生辉。长野不在。老师一只手拿着麦克风，手掌敲击着黑板，热情饱满地在讲课。而松下的心思却不在这里，她正望着窗外发呆。

藤岛靠在门上凝视着她。突然，她转过头来，恰好碰上了藤岛的视线。她露出惊讶的神情，立刻佯装没有看见他，把脸转向了黑板。她用手撑着脸颊，开始记笔记。但是，她又像是下定了决心，猛地站起身来走近他。"赶紧出去！"她火冒三丈，摆出一副要把他赶走的架势，在走廊里和他对峙。

"你要干什么？"

"你们要逃，我就只能追喽。"

"我们可没逃！"

"昨天那个橙色的家伙呢？我也有话跟她说。"

"她没来，说是感冒了。"

"她妈妈可说她不在家哦。"

"哦，是吗？"她烦躁地咂咂嘴。

"这种无聊的追人游戏，我们还是别玩了，好好谈谈。是你把她藏起来了吧？"

"我根本听不懂你在说什么。"

"加奈子和你联系了吗？"

"没有！"

晒不到阳光的走廊里，看不见一个人影。

"那这样，你让我跟她谈谈。我有事情要问她，不是问你。"

她的脸变得绯红，红得在暗处都能看得一清二楚。

"你见到她，打算谈什么？我们已经说过好多遍了，真的不知道加奈子在哪儿！"

"就算不知道她在哪儿，你们也应该知道她做了些什么吧？"

"你在说什么，我完全不明白。"

"我在加奈子房间里发现了大量毒品。"

她打量般地瞪着藤岛，通红的额头上渗出细密的汗珠。

藤岛继续说："我昨天确定了一件事，你的朋友在吸毒。没错吧？"

她依然一言不发地瞪着藤岛。

"是加奈子卖给她的。你是不是也从她那里买过？"

"没有这种事，我一次都没做过！"

"我不是警察，所以并不是在盘问你。我想了解的只有加奈子的事情。所以，无论如何我也要见到你朋友。"他贴近她说道。她冷不防地往后退了一步，呼吸急促。

"……我以前和加奈子是朋友。那家伙，虽然卡拉 OK 唱得不是一般地差，但是聪明又大方。她还给过我衣服和首饰。虽然我不想承认，但她的确是个让人自豪的朋友。你也这么觉得，不是吗？"

"是啊。她确实是个让人自豪的孩子。"

"加奈子……总是随身带着毒品。她说那东西可以提神。在这个学习至上的学校里，想要的人可多了，非常受欢迎。尽管大家都知道其实那就是冰毒。"

"然后呢？"

"加奈子突然翻脸了，一下子变得小气起来。她说这东西不容易到手，开始收钱。从一万涨到两万。大家都很火大，但是没有人把这消息放给警察。因为有传言说，加奈子背后有暴力团伙撑腰。"

"是启示录吗？"

她叹了口气，点点头说："你放过长野吧，她好不容易才重新站起来。你又满不在乎地去揭她的伤疤，我们可受不了！"

"你真是个为朋友考虑的人啊。"

"你烦死人了！"

"那么，长野在哪儿呢？"

她面露愕然，挑衅地看着藤岛开口说："你在听我说话吗？"

"她是个钱多得吸毒都能瞒得过父母的千金小姐？"

松下诧异地皱皱眉头。

"买冰毒的钱，她是怎么挣来的？"

"这种事，我可不知道。这有什么关系啊？"

"给启示录撑腰的，是一个名叫石丸组的暴力团伙。它还有好几个女人工作的场所。长野有可能在那儿待过。在他们当中，或许有人知道我女儿的下落。"

松下缓缓地摇摇头："我绝对不能让你跟她见面。"

她转身走回教室门口，伸手想把门推开。

"等等！"

"加奈子会怎么样，我才不管呢！"

藤岛伸出手，一把捏住她的手腕："你听我说，这事关系到我女儿的性命！"

回过头来的她，脸色苍白、双眼圆睁、浑身发抖，似乎就要张开嘴喊叫起来。藤岛退缩了。

她当场就崩溃倒地。黑发遮住了她的脸庞，也掩盖了表情。

"喂！"他摇晃着伏在地上的松下。她的眼皮在不停地痉挛，死死地咬紧牙关。"喂！"她的脸因为恐惧而扭曲变形。她似乎想要大声喊叫，深吸了一口气。

"冷静！我什么都不会做！"她把手撑在地上，急促地呼吸着，接下来是个深呼吸，试图恢复平静。"我什么都不会做。"她筋疲力尽地点点头。

"你如果想让我消失，我这就走。"

"你太过分了。"她的声音颤抖却流露出强硬。

"对不起！"

"你放手！"说着，她推开了藤岛放在她肩上的手，站起身来，迈着蹒跚的步伐向前走。发现周围没有人，双眼含泪的她松了口气。

"究竟发生了什么事？"

她显得有些不好意思，埋下头说："你不是说要走吗？"

"你把长野藏在哪里了？"

"我不知道她在哪。"

"她是因为知道些什么，所以才不得不逃跑。对吗？"

"我不清楚，真的！"她用手帕擦着眼泪，焦躁地说道，"昨天你来找我们，把她吓坏了。她说连家里都不敢待了。"

"为什么？"

"这个嘛，我也不清楚。但是，她总算又能笑了。总算，不是吸了冰毒的那种笑。她好不容易才快要恢复原样，可是你又……"

"你什么都没问就把她藏起来了？"

"我有什么办法呀？"她的语气带着些寂寥。

"带我去见她！"

她眼泪汪汪地凝视着他说："你再等等！"

"不行，我今天必须见到她。"

"不行，谁知道你会不会攻击她呢？"

"你开什么玩笑!"

"我是说真的。你把电话号码告诉我。"

他用圆珠笔把电话号码写在名片背后,递给了她。

"究竟发生过什么事?"

"你真啰嗦!"

松下将电话号码存入手机里,把名片揉成一团扔进垃圾桶,走进了女卫生间,一副躲避藤岛的样子。

9

　　他走进商业街的拉面馆。一边吃着温吞吞的拉面，一边给家里打电话。但是电话响了好几声也没人接。他把零钱放在桌上，走出了面馆。

　　公寓的窗户还拉着窗帘。他按响玄关自动门的门铃，也没有回应。于是，他把钥匙插进了锁孔。

　　屋子里没人。他怒火冲天，穿着鞋子就进了屋。起居室里，他喝干的威士忌酒瓶还那么扔着。卧室里就像是进了小偷。衣柜门几乎全都开着，壁橱里的衣服也露在外面。桐子盛怒之下往厚纸袋里塞东西的样子浮现在眼前。女儿房间里也没有人。他把书架上的书推倒在地，CD也砸了。他撕开口袋里镇静剂的铝塑包装，一个接一个地把胶囊塞进嘴里嚼碎。化学品的苦味在嘴里蔓延，白色粉末从嘴唇上飘起来。

　　他拨通手机，对方接了电话。

　　"桐子，你搞清状况了没有？"他低声恐吓道。

　　"你对我女儿做了些什么？"

　　电话那一端，传来了老人嘶哑的声音。那是桐子的父亲秋叶。

"请让桐子接电话。她在旁边，对吧？"藤岛飞快地说。秋叶却沉默了一会儿。汗水渗进了眼睛。

"果然是你啊。我已经说过，不许你靠近我的女儿和外孙女。你不会正在我女儿她们的家里吧？"

"请让桐子接电话！我有事跟她说！"

"我女儿到现在都还哭个不停呢。你到底干了些什么？"

一瞬间的眩晕让他不由得身子一歪。他明白了，自己已经被抛弃了。他冒犯了她，用了毒品。他明白这非同寻常，但是他确实这么做了。

"这是我和她两个人的问题。和您没关系！"

"你开什么玩笑？我外孙女呢？加奈子呢？你把加奈子弄哪儿去了？她在你那边吗？"

桐子什么都没有告诉秋叶。

"请您告诉她。如果她还想回来，就趁现在。"

"你……你清楚自己的立场吗？你想让我叫警察吗？"

"您叫来试试。有麻烦的会是桐子。如果您不想让自己光鲜的履历抹上污点，最好就什么都别管！"

"你说什么？"

他把电话扔在了沙发上。

他感到自己的眼睛湿润了，视野被潮水淹没。居然敢背叛我。事到如今，他可以肯定，他爱过她，而她再也不会回来了，除非他离开这里。他梦想着三个人重新开始共同生活，这次他一定要让她们过得安安稳稳。他沉溺在找到加奈子，成为她们英雄的梦想中。他想做她的父亲，想当她的丈夫。凄惨的呜咽声从他颤抖的嘴唇中挤出来。黏糊糊的夏季暮色，让他整颗心都沉入了悲观之中。妻子把自己封闭在壳里，女儿不知埋没在了什么样的穷乡僻壤。他忆起妻子肌肤的温暖，想到加奈子走过的人生路，眼泪不断地涌出来。

他擤擤鼻涕，拿起响个不停的手机，关上了电源。镜子里的那张脸让他感到羞耻，红肿得叠成两层的眼皮。他把威士忌酒瓶狠狠地砸向镜子。镜子碎了，像蜘蛛网一样的裂缝撕碎了他的脸。

10点45分。他换好内衣，穿上防水运动衫，打扮得像个黑社会成员。考虑到接下来有可能会发生的事情，这样的装扮再合适不过了。他走出公寓，坐进卡罗拉。从50公里加速到60公里，再从80公里提到90公里，冲上了深夜的16号国道。

他把车停在芝川河的桥上，眼前就是那些家伙的老巢。他把放在副驾驶座位上的特殊警棍插在腰间，下了车。近处是市营游泳池的滑梯。远处，埼玉新都心的楼群灯光闪烁。停车场包裹在深深的黑暗之中。一片寂静。河边传来虫鸣声，带来一阵清凉。没有烟火，没有排气声，也没有那帮家伙的娇声喊叫。还没到他们的活动时间啊，他扫兴地抻了抻脖子。停车场里除了丢弃的废铁，还有改装车、大型的雪佛兰和丰田的CELSIOR。还停着几台安装了消声器的中小型摩托车。

他屏住呼吸，走进停车场，感到自己越来越紧张。很快他便发现，自己遇到的情况非同小可。摩托车横躺在地，车灯被砸得粉碎，油也漏了出来。轿车和雪佛兰也不例外。随着他越走越近，惨状的全景逐渐清晰起来。侧窗玻璃碎了，玻璃碴子散落在水泥地上；前窗玻璃上发白的裂纹，就像蜘蛛网一样。车门被钝器敲得凹陷下去，漆也蹭没了。不知道是不是因为轮胎被扎了洞，车身倾斜着。

藤岛感觉自己的脸都发僵了，他抽出警棍，搜寻他们的身影。那一天的情景在眼前重现——被打湿的蓝色警卫服；黑暗中的便利店里，旋转的红灯在不停地闪烁。他想要有把手枪，想要叫人支援。恐惧让他的两腿肌肉僵硬。他想起来，自己什么都不是，这个念头将他打垮。

他感觉轿车中有个人影。是个长头发的年轻女子。

"加奈子！"

他短促地叫了一声，靠近了轿车。两腿的僵硬感消失无踪，就像是摆脱了咒语。他弯下腰往里看。豹纹的座椅、覆盖着花里胡哨假花的车厢。副驾驶座上，是一个抱着头的年轻女子，不是加奈子。染过色的头发显得脏兮兮的，花朵图案的无袖衫里露出了被晒黑的肩膀，上面渗出鲜红的血，是被玻璃划伤的。

"喂，你怎么了？发生什么事了？"

女子抱着头蜷缩成一团。他拉开被砸出了坑的驾驶室车门，伸手摇晃她的手臂。铁锈色的头发挡住了她的脸。不是加奈子。女子似乎惊恐万分，怎么都不愿意把头抬起来。

"喂！"

挂在她头发上的玻璃片掉了下来。

"栋方在这里吗？到底在不在？"

她抬起头凝视着藤岛。睫毛膏花了，描的眉毛也花了，半张脸都像抹上了炭一样黑乎乎的。

"他在那边，在那边。"

她用颤抖的手指向通往公园的水泥路。那条路通向一片伸手不见五指的黑暗，只有半道上公共卫生间的荧光灯在发出清冷的光。

宽阔的人行道上没有一个人。他很快就来到了放射着白光的路灯下。这里成群地聚集着无数的飞虫，多得让人感到恶心。旁边的网球场已经关闭。他听到了人声，那是一种尖锐的、分不清是怒吼还是哀号的声音，从小河边的人行道传来。

在路的尽头，露出了几个人的脑袋。那是大约十个打扮各异的少年，有的蹲着，有的斜倚在河边的铁丝网上，还有的仰面朝天躺在地上。每一个人都脏兮兮的，头发也乱蓬蓬的。尽管处于黑暗当中，他也依然能分辨出，这些少年遭到了严重的暴力袭击。

在黑暗深处还有动静。另一群大概四名少年，如同检视实验结果一般，冷酷地俯视着这一场景。他们手里握着金属球棒、缠着带子的铁管。

有人动了。

"住手！我是警察！"

藤岛大吼起来。少年们一齐转过脸来望着他，看不清他们是何表情。

他握着警棍的手开始出汗、颤抖。左手在口袋里摸索，掏出警官证，其实只是个黑色皮革笔记本而已。但是他不得不把它拿出来，从远处看的话，也挺像警官证的。

四名少年迷茫地望着藤岛。

"救、救命！"一个倒地的少年抬起身，朝藤岛这边爬过来。手持球棒、头戴黑色棒球帽的一名男子，飞起一脚踢向少年的腹部，就像在故意踢给藤岛看。

戴帽子的男子看也不看藤岛，轻声笑着说："田村，原来你脑子里装的全是垃圾啊？真让人遗憾。"

"别打了，你住手！"汗水顺着额头流进了眼睛。这个被称作田村的少年弯着腰。藤岛似乎看到了几分钟之后的自己："扔下武器！不许动！"

三个人凝视着藤岛，偷偷看了一眼戴帽子的男子。那种眼神就像等待命令的士兵。他明白了，戴帽子的是他们的头儿。

戴帽子的男子看了看藤岛，对同伙耳语了几句。他的举动如此冷静，就像知道藤岛不是警察。手握武器的少年们互相点点头。藤岛多希望自己能有一起战斗的伙伴啊。和这帮疯狂的小子们对峙，需要近乎鲁莽的巨大勇气。

戴帽子的男子缓缓地举起胳膊。金属球棒脱手，滚落在水泥地上，发出尖锐的声音。

"喂！"

他朝着同伙说了些什么。另外三个人也同样地把武器朝远处扔去。

"手！把手举得再高点！"他靠近戴帽子的男子，"你是栋方吧？"

帽子遮住了他的光头。耳朵、嘴唇、眼皮里都埋着环儿。白色背心和褐色工装裤，尖下巴、双眼皮。他眯着眼睛问："你是谁？"

"你到这边来！"

"你真的是警察吗？把警官证拿出来给我们看清楚了！"

"你过来！"

"我叫你把警官证再给我看一下！"

"住口！"

他抓住栋方的胳膊。少年们脸色大变，因为愤怒和憎恶而面部僵硬。

"你们让开！"

他粗鲁地挥动警棍，把这些家伙赶走。尼龙运动衫发出摩擦声。

"让开！谁都不许动！"

他的脚边，少年在呻吟。

栋方面无表情地转过头，手插在口袋里。

"你是谁啊你？"

"我有很多事情要问你，你赶紧过来！"

栋方动动胳膊，从口袋里掏出一个东西捏在手中。藤岛脑中响起了尖锐的警报声。

他举起了警棍。出现在眼前的，是个巴掌大小的喷雾罐。随着气体泄出的声音响起，一股橙色的液体从针尖大小的喷口喷射出来。藤岛用手遮住面孔，但是已经来不及了。

他的脸部和手部皮肤感到一阵热辣辣的疼，液体的细小颗粒渗入眼睛和鼻腔深处，烧灼着口腔和气管。他不由得猛烈地咳嗽起来。流出的眼泪让他什么都看不见，也无法呼吸。在恐慌之中，手腕不知被谁牢牢抓住，警棍也被抽走了。

"我也想来问问你，你到底是谁啊？"

他转身想跑，但是，粘在脸上的火辣辣的颗粒，攻击着他的眼球。他被倒地的少年绊倒，摔倒在地。

他被勒住下巴拉了起来。好几只手伸进他的口袋，抢走了他的笔记本。甜得发腻的古龙水气味钻进他的鼻孔。

"这是什么呀？你在骗人啊？"

"你是栋方泰博吧？"

架在喉咙上的铁管加大了力量，他打起嗝来。

"提问的可是我们哦，警察先生！"

他明白了，压着自己的正是栋方本人。

"等等！……我是藤岛加奈子的父亲。"

"藤岛加奈子的父亲？"

"你们把我女儿弄哪儿去了？把她绑架到哪儿去了？"

藤岛吼叫着，因为激动不已而咳了起来："你们对我女儿做什么了？要是敢动她一根手指，我一定会杀了你们！"他们没有回答，但是藤岛感到压在脖子上的铁管松了劲。

脸上滑溜溜的，他抹了一把脸，忍住刺痛，微微睁开眼。少年们围着藤岛，脸上浮现出扭曲的笑容。他们慢慢地笑了起来，像缓缓荡开的涟漪。

"你们笑什么？"

铁管轻轻摇晃，时不时地敲打着他的下巴。

"绑架？绑架加奈子？"

"有什么可笑的？"

"可笑的就是这个！"铁管又一次顶在了喉头，"我再问一遍，你是谁？你为什么要害我？"

藤岛逐渐失去了意识，视野里升起了白色的雾霭。远处传来了警笛声，那是巡逻的警车和急救车的大合唱。

压力突然消失，铁管落在水泥地上。少年们连看都不看藤岛一眼就跑了。很快传来了摩托车和汽车排气管粗犷的声音。栋方自上而下地俯视着藤岛，藤岛正按压着喉咙在路上爬。

"我女儿在哪儿？在哪儿？"

"啊，你还真是藤岛的老爸呀？"

藤岛如同呓语般地说："我女儿在哪儿？"

"居然连自己的老爸都用上了！"

栋方转过身奔向黑暗。藤岛的脸贴在水泥地上。在河对岸的住宅区里，每家每户都闪烁着灯光，他听见开窗户的声音。排气管的声音越来越远，很快就被警笛声取而代之。

三年前　4

我站在校门口，再次眺望我所生活的世界。

三层楼的校舍，两百米跑道的操场，还有缺乏日照的后院、花坛、游泳池和体育馆。在这个世界里，无论哪里都很小。在这个小如盆景的地方，为了无聊的事情而烦恼的我，又算是一个怎么样的存在呢？我不免自嘲起来。

但是，我确实在拼命。

那天在屋顶上，她救了我。坐在她身边，我一直在想，怎样做才能让她对我展现出面对绪方时的那种笑容呢？回到家之后我也一直在想这个问题，第二天同样，连假期都如此。

绪方有，而我没有的东西，会是什么？绪方有，而我也有的东西，又会是什么？我没有找到任何答案。但是我也下定决心，再也不做需要她来拯救的事。

我的思绪天马行空，然后终于得到了这样一个结论。

关于绪方。据说，从死前一个月开始，他没有再受到过欺负。警察也不会马马虎虎地应付搜查，所以这应该是事实。

他在战斗。抱着和现在的我相同的心情。然后，他成功了一半。他正要夺回自己的自由和尊严。

我打破了和伙伴之间的誓言，给每个充满回忆的日子抹上了污泥。所以，不管是他们要抹杀我的存在，还是在背后说我的坏话，或是咒骂我，都没有关系。但是，我的自豪和灵魂，是不能让任何人玷污的。

但是，那一天很平静，我的心理准备都落了空。平时只要上学，就能在黑板上看到多得能够堆成山一样的中伤和坏话，然而那一天，课桌、笔记本、教科书都非常干净。

上课，接着是课间休息。平时总爱出言挑逗的A、B，却只是加入朋友群里聊天。我松了口气，但是内心依然惴惴不安地等待着，总觉得他们马上就要朝我走过来。

餐食的分量是正常的。也没有人对我放在储物柜里的运动装搞破坏。只不过，依然没有人跟我搭话，让我多多少少被孤独感所折磨。

到了放学的时候，我终于开始注意到事态的变化。每天都伤害我、践踏我的那帮家伙，居然连看都没有看我一眼。

这不是很好吗？谁都不来侮辱你。谁都不让你悲伤。这难道需要什么理由吗？我把这些声音抛在脑后，要追上他们去问个究竟。

A恰巧正在大门口换鞋，周围没有他朋友的身影。他正在系鞋带，显得有些不高兴。我觉得他的不高兴应该跟自己有关系。因为到现在为止，他每天都在敲诈我、陷害我。

A似乎是注意到了我的视线，他突然抬起了头。他吃惊地睁大眼睛，接着整张脸就变得通红，就像被热水煮熟的章鱼一样。他以为自己被我盯上了吧。

"你这个……混蛋。"A低声嘟哝着，像一只威吓人的狗，他仿佛是感到了难以忍受的屈辱，紧紧地闭上了眼睛，"为什么你要……"

我轻轻地叹口气，有些恍惚，有些困惑。我目送着A的背影，对自己说：无论如何，这样也没什么不好。因为一旦打起架来，搞不清状况的我连一丁点胜算都没有。

你得留心了！——另一个声音立刻警告自己。在心里，还有燃烧的火苗在告诫我——这有可能是那帮小子的新把戏。一定是班里所有的男女同学串通一气，打算等到我疏忽大意、对他们露出笑容时，就一起来算计我。

……冷静下来一想，我这完全是在疑神疑鬼。那帮家伙不会采取这么迂回的方式。至少我所了解的 A 绝对不是个演技派。但是，今天的情况实在是太过戏剧化，让我难以接受。

这究竟是怎么一回事？我想要知道原因，于是在走廊里飞奔起来。

体育馆里已经是热火朝天。篮球队和排球队队员们正在训练，球在伙伴们之间迅速地飞来飞去。运动鞋在地板上摩擦作响。我走到尽头，上到二楼的阳台。C 所在的乒乓球队应该就在那里训练。踏上最后一级台阶，耳边就已传来乒乓球轻快的声音。我要找的 C 正在眼前挥舞着球拍。

C 的反应就更为露骨了。他一看见我，就像女孩子一样尖叫起来，朝后退去。他的腰椎猛地撞在乒乓球桌上，膝盖跪地摔了下去，显得异常慌乱。

"这究竟是怎么回事？"

我向这家伙靠近。而我每走近一步，他就爬得更远一些。

"你别过来！……是我不好！"

"什么？你怎么不好了？"

"你别过来！我早就觉得我们做得有些过分了。有绪方的前车之鉴，我也知道这事儿有些出格。所以我才想要阻止他们。"

C 格外强调自己的存在。周围的队员时不时地朝我们看过来。他们只是茫然地注视着我们，并没有人插手来管。

C的眼眶潮湿了。我所认识的C，多少是有些表演才能的。突然，这家伙语调一沉。

"我能理解。以前，我、我也被欺负过。我都知道。用铁丝把人绑着，扔在那儿不管的把戏。我当时被扔在那儿没人管，一直到夜里呢。而且是大冬天。你不敢相信吧？被人欺负多难受啊。可是田村完全不知道，被关在那种地方，是怎样的感受！濑、濑冈，你自己逃了出来，我可安心了。你要知道，田村可是打算就那么回家的。真是难以置信！明明只有他一个人才有屋顶的钥匙……"

回忆在我脑海的某个角落被唤醒。A就叫田村。我自上而下地打量着这个嘴巴说个不停的生物，心中涌起了厌恶感，让我充满抗拒，难以把他当作人来看待。

C的主张充满漏洞。那天，就在那帮家伙把我团团围住的时候，兴高采烈地拿出铁丝的正是C。

"田村，你有钥匙吧？"最早提出要把我关在屋顶这个牢狱中的，也是C。不仅如此，在黑板上用斗大的字一遍遍写下"你去死吧"、"不准来学校"的，也是C。笔记本和教科书上的乱涂乱画，也是他干的。比起拳打脚踢，这些东西有时候更让我感到心情黯淡。

"濑冈，你看，岛津他们棒球队的不是都很怨恨你吗？所以我才想，必须要去支持他们。然后……"

"你别说了！"迸出的声音大得把我自己也吓了一跳。四周乒乓球你来我往的声音戛然而止。"你过来。"

我一把抓住正往球桌下钻的 C 的胳膊。

"我、我知道了。鞋子，我赔。我赔你。我当时不在，但是我知道，你的鞋子被刀子划坏了。"

"你过来！"

我使劲拽着他的胳膊，就像从地里拔萝卜似的。C 弯着腰，仿佛在乞求我的原谅。

"我不知道，我不知道你跟那些人关系好！"

"那些人？"

"我这么说不太合适。但是，你要是早点……早点告诉我就好了。这样的话我们也不会干得那么出格。你要知道，我可……"

"什么？……你说什么？"

"我跟大家都交代清楚了！今天不是没人干什么吗？大家都知道事情不妙了！"

"你到底在说什么啊？"

我抓住 C 的前胸，摇晃着他。

"我是说启示录啊。不是吗？"

巨大的问号把几乎要冲昏我头脑的怒气强压了下去。我尽可能粗暴地瞪着 C，脑中思考着。启示录——我记得有一部战争题材的老电影就叫这个。我曾经和喜欢电影的父亲一起看过。但是，此启示录非彼启示录，也就是说——

"你说的启示录，是那个暴力集团启示录吗？"

C 的嘴唇抽动了一下，与其说是在笑，不如说他感到很为难。他瞟了一眼四周，起哄的人悄悄地挪开了视线，继续开始练习。

"事到如今，你还这么说？"C用走投无路的语气说。

"你说，启示录干了什么？和我有什么关系？"

C害怕地把身子缩成一团，眼睛眨巴着看看周围。我也不愿意提这种事情。那些流氓集团的勇武故事，就算是我们这些平常至极的少年，也听得耳朵都长茧了。

"你是有亲戚什么的在里边吧？不是吗？"

"问话的是我！"我用拳头敲打着他的锁骨说道。我居然也在使用暴力，我和他们应该是不一样的啊。我的胃里涌上一股酸味，但是我没有停下来。

"我知道了，我知道了。太难受了……我喘不过气来了。"

我发现C的脸已经变成了酱紫色，便慌忙松开了手。他把手撑在地上。我真想就这么大喊大叫。

"启示录对你做了什么？"

C的脸上落下了水滴般的东西。当我明白这水滴就是眼泪的时候，心不禁往下一沉。

"……我也不清楚。就在把你扔在屋顶上的第二天，大场和岛津在回家的路上被栋方他们叫住了。"

大场就是B。栋方是个出了名的小流氓，经常不来学校。据说，虽然他只是个初中生，却已经是启示录的主要成员了。那些高中生或是年纪更大的人都得乖乖地听他差遣。所以，对于A这种干点小坏事的人来说，有可能是个值得崇拜的人。

C还在用他带着哭腔的声音诉说："他们威胁说，如果继续欺负你的话，就会一辈子坐在轮椅上。"

真是莫名其妙。

"你说的是实话?"

"当然是实话,这还用说吗!"一见我发火,C便露出了迎合的笑容,"你看,所以我们什么都没再做了。田村应该也没对你动手吧?"

"为什么?"

"啊?"

"为什么启示录要帮我呢?"

这只是一个纯粹的疑问,但是C却不这么认为。他就像是看怪物似的看着我。

"不、不知道。"

我缓缓地叹了口气。虽然疑问没有完全得到解答,但是我弄清楚了,为什么A见到我会露出不甘心的表情,为什么班里的男生女生都疏远我,或是像C一样两腿发软。

他们一直都是软弱的。我曾经以为那帮人和班里的家伙是可怕的、强大的。就算我有能力抵抗住A、B那帮家伙,也依然有一大伙人在他们后面嘲笑、装作视而不见。要想降伏这样强大的野兽,太不现实了。而现在呢?我下楼离开阳台,心中笼罩着一种空虚感。不可能从他这里再问出些什么了。身后传来了C的声音。

"你是有人在里面,对吧?那,能不能介绍我认识一下呢?就是那个启示录的人。我想向他也道个歉。濑冈,所以……"

我把他的声音抛在脑后,走出了体育馆。我忍住不断上涌的呕吐感,心想:老叫我名字干什么呀,混蛋!我又不是扑克牌大富翁游戏里的大贫民。排在最后一个的大贫民突然举旗革命，一翻身成了大富翁。我厌恶他们像玩游戏一样，变脸变得如此迅速。

我在想启示录的事情，我以前可从来没想过自己也会考虑那帮家伙的事。

要说到关于他们的传言，也全都是那帮假充坏人的家伙们喜闻乐见，而且充满喜剧元素的。例如，某个成员凭借超群的空手道技艺，揪住了春日部的暴走族的脖子；某个说唱歌手曾经是启示录的成员，经常在聚会的地方打碟；某某人开的车，在秩父的山岭上谁都追不上等等。不知是真是假。

就连同在一个学校的栋方，我都知之甚少。虽然他属于被称为武斗派的组织，可是他长得不是特别高，也并非臂力过人。他的头发稍带些褐色，五官端正，看上去就是个普通的少年。我完全不清楚被他威胁会有多可怕。

等我回过神来，已经回到了教室。这件事，再怎么想都是弄不明白的。我紧张地站在教室门口。我的书包、教科书什么的都被扔在桌上，充分表明有人搞了恶作剧。我苦笑了起来。在我教科书和笔记本上乱涂乱画的人，启示录也能替我收拾吗？

除了岛津，教室里没有一个人。他坐在我的座位上。我不由得抬眼看看墙上的钟。棒球队应该已经开始训练了。岛津连运动服都没换，依然穿着制服。

"你总算是回来了。"

看来就他一个人没变。他的眼中充满了厌恶，一看见我，就示威般地往后一靠，仰坐在椅子上，手指头拨弄着我放在桌上的书包。

我沉默地靠近他，抓住书包，想要夺过来。

"你还挺硬气的呀。有了撑腰的，果然就变得强硬了啊。"

我摆摆头不愿意理睬他。

"恶心，你真是够恶心的。"

岛津站起身来，我看见他手里有一把小刀，银色的刀刃竖着。他握着刀柄的手在颤抖。

"真是让我火大啊。他们突然把我拉进车里，叫我不要跟你扯上关系，否则就杀了我。"

我没有说话，只是看着在夕阳下闪闪发光的刀刃。我再怎么解释这事与我无关，他也不可能相信。

"你住手吧。"

"你有什么了不起的？你在说什么啊？还敢命令我？"

我摇摇头："够了！"

"啰嗦！我才不管什么启示录呢！"

"我说的不是这个。"

岛津的胸脯剧烈地起伏着，眼看着就要朝我扑过来。

"启示录什么的，我也不知道。"

"你说什么？"

刀尖靠近了我的小腹。

"你要这样做的话，谁都参加不了大赛了。迄今为止的努力会全部变成泡影。"

"啰嗦！"岛津的叫声更大了，"啰嗦！住口！"

"让一切努力都白费的事情，我不愿意做，也不愿意看到。"

"你懂什么啊?"

岛津的眼睛红了,充满了泪水。

他手里的刀垂了下来。岛津满脸不甘,用力朝我撞过来。

我的大腿后部撞到了桌子,脑中却浮现出和他争夺正式队员位置的那些日子。在去年秋季的新人赛中,守住右外场手位置的是岛津。因为他跑步的速度快得惊人,所以在右外场和中场的位置之间来回移动。击球手打出地滚球的话,就完全是岛津在控制节奏。我们这些板凳队员都在屏息关注着上垒的球员。偷垒就是他们的代名词,动摇了对手。在球场上无拘无束奔跑的岛津,简直就像古装剧里的夜行侠,动作周到而帅气。

岛津的长跑能力也很强。我在刚刚入队的时候,体力不行,还很瘦弱。在绕场跑的训练中,我很快就落下了整整一圈。那家伙得意洋洋地超过气喘吁吁的我,还在我肩上敲了几下。他相当喜欢跑步。看到他那副模样,我虽然心有不甘,怒气冲冲,但是很羡慕他,希望自己有一天也能像他那样。

岛津的声音很大。无论是当拉拉队,还是在训练的时候。他还得意洋洋地喊道:"声音再大些啊!"让本来就有五分腻味的我更加厌烦。然而,当我在新人赛中途上场的时候,发生了这样一件事。我明明守住了外场,却来了个穿裆球。这种不可理喻的错误,让我想当场挖个洞钻下地。而岛津却大吼着:"没关系!别介意!"虽然不知道这是不是他的真心话,可是他格外洪亮的声音对我来说却成了最大的拯救。

岛津抬眼看着我,眼神中流露出依赖。

"为什么你要离队啊?如果你还在,选上的就不会是那小子了。"

我知道"那小子"是谁。那是比我们低一个年级的岩间，身高一米八的大个子。虽然他的防守能力和投远球的能力并不是很强，但是他挥出的球棒却可以打出和队长石桥匹敌的长球。他参加过少年棒球锦标赛，是大张旗鼓入队的新人。因为招他入队主要是看中他的攻击力，所以他被放在了对守卫能力要求不太高的右外野。这也是教练的战略。

总有一天自己的位置会被夺走。虽然我们绝对不会说出口，但是岛津和我的内心都不平静。我们俩的自尊心都很强。被后来者夺走正式队员的位置，这在哪个学校、哪个社团都是常见的情况。但是，如果自己真的落到如此田地，那简直就是生不如死。这是岛津和我极少的共同点之一。

"如果是你就好了。是你的话，我还能忍受。"

岛津垂头丧气地跪在地上。

已经到 5 月末了。最后的大赛迫在眉睫。到了这个时候，谁会当上正式队员，谁当不上，就算不公布，大家也都心知肚明了。

"混蛋……如果是你……"

在被称为青春期的这三年里，最终，我一事无成，半途而废。而岛津在这三年结束之时，恐怕围绕他的也不是成功感，而是折磨他的失败和屈辱。我们是相似的人。因此，我无言以对。

我把啜泣的岛津扔在一边，尽可能迅速地离开了教室。

我仰头望着天花板，好不容易忍住了就要迸发的眼泪。

10

藤岛用公园的自来水洗了洗脸。红色警灯不断地旋转,少年们躺在担架上,被一个个抬走了。警察和起哄的人群,吵闹得就像大白天似的。他的胃部感觉极为恶心,喉咙疼得像是被火点着了。

"你呢?你不用上车吗?"

"嗯,我没关系。"

藤岛挥挥湿漉漉的手,赶走了穿着橙色制服的急救队队员。在现场,鉴定科的人正在拍照,闪光灯不断亮了又灭。不管是穿着制服的警察还是便衣,都盯着浑身湿淋淋的他。他未能如愿,来的警察都是熟人。

"藤岛,你看清犯人的长相了吗?"戴眼镜的男人语气略带生分地问道。他记得这张脸,但名字忘了。

"不知道,冷不防被喷了一脸东西。你问问躺在地上的小子们。"

"他们没有一个人现在开得了口。"

眼镜大幅度地耸耸肩,在本子上记着什么。旁边站着的,就是那个搜查一科的男人。他毫不掩饰自己的高压态度。

"你认识那帮少年吧？"

"我怎么可能认识！"

"你这个点在这里干什么？"

"你看我的打扮也知道啊，在跑步。"

眼镜把手搁在皮带扣上，晃晃凸起的肚子。

"停在桥上的车，是你的吧？"

"这是我每天的固定活动，开车到公园来跑步。"

"呵，现在你是在保安公司上班吧？"

藤岛点点头。

眼镜笑笑说："我也得跑跑步了。"

"你穿过公园停车场的时候，为什么没报警啊？你应该已经发现情形不对了啊。汽车、单车都被破坏成这样了。"

搜查一科的男人动动脖子，关节咯咯作响。

"你认识那帮人吧？"

"我不过是装酷闯进来而已。"

两个刑警脸上露出略带讽刺的笑。眼镜也诙谐地说："我也希望是这样啊。真想赶紧办完事回去。"

"你不是干了好多年刑警吗？也编点能让我们信服的理由吧。"

藤岛叼上一支烟，点着了火。烟味渗进疼痛的嗓子眼。

"那我告诉你。你们啊，都在扯淡。"

"那帮小子里头，有人跟你老婆搭上了吧？"

他听见脸上血液流动的声音，就像退去的潮水。眼镜责备地瞪了一眼男人。藤岛微笑着朝男人扑过去。他握紧拳头刚迈出一步，就被无数的警察挡住，塞进了旅行车。车里，搜查一科的人正等着他。他在刑警的高压之下回答了问题。栋方的照片又一次摆在眼前，但是他坚持说自己不认识。

"你老追着这事不放，你打算干什么？"

"你说什么啊？"

"你别装糊涂了。你不是连班都没去上吗？是想给过去的工作单位找麻烦吗？"

他不停地摇头。胳膊上有擦伤，脸上还沾着催泪喷雾的液体。头疼，就像得了头部震颤症。审讯的时间长得像是要永久地持续下去。审讯结束后，眼镜说开巡逻车把他送回去。藤岛往地上吐了口唾沫，看看表，时针已经过了半夜两点。

河边潮湿的空气包裹着身体。额头上全是汗，潮得让人不舒服，身体很热，像发烧似的。他自然地加快脚步，来到停在桥上的卡罗拉旁边。

藤岛想，他们应该很快就会找到自己和栋方联系的动机。现场留下的，是白色的粉笔印、血迹、蓝色的塑料布、玻璃片和几辆变形的车。不，就算他们已经掌握了一切，只是暂时让犯人逍遥法外，也没什么可奇怪的。

没上锁的车里坐着一个人。藤岛皱皱眉头——坐在驾驶座上的是浅井。他默默地钻进副驾驶室坐下，把钥匙递给浅井。刚一上车，就传出了收音机的声音，冷风从空调出风口里猛地吹出来。他把搁在杯托上的乌龙茶取下来，倒出来打湿手帕，放在额头上。

"您去哪儿？"浅井通过黄灯闪烁的路口，问道。

"公寓，我老婆住的公寓。"

"不去医院？"

"回公寓。"

短暂的沉默之后，浅井说："我看见您夫人傍晚的时候出门了，拎着个大旅行包。"

藤岛点燃香烟。拿打火机的手在轻轻颤抖。

"你从什么时候开始监视我的？"

"傍晚去了您家公寓，就从那时候开始。"

"你说谎也说个像样的啊。"浅井继续开车，藤岛凝视着他的侧脸问道，"你一个人来的？"

浅井摇摇头："还有个年轻的，我让他别告诉别人。"

藤岛闭上了眼睛。

"您女儿被启示录的人绑架了吗？"

"我应该告诉过你了，她旅行去了。"

"您女儿从好几年前开始，就和那帮家伙有来往了吧？"

"……"

"启示录现在内部斗争很厉害啊。头儿栋方泰博，就是前一阵被我们验明正身拍了照片的那个光头戴环的少年。少年犯罪科部门在传，说启示录大部分成员在举旗造反，反对他。"

"内部斗争？"他难以抑制对这件事的兴趣，询问道。

"好像是因为身份相当于石丸组成员的栋方，惹组里不高兴了。"

"这和便利店杀人案有什么关系呢？"

"那案子的受害人小山顺平，是栋方就读的工业高中的师兄。有一段时间，他也曾经是启示录的成员。"

"那这是旧成员犯下的罪行吗？"

"这个还不清楚。"

小山的身影在前窗玻璃上映照出来，胸口一片鲜红。

"那你想让我做什么？"

"……"

"我女儿去旅行了。你以为用公安的那套做法，在我这能行得通吗？"

"我只是……"

"你的目的是什么？你把我弄成公安的间谍，究竟是打算做什么？你又不靠那案子立功。"

"我只是不希望看见股长被铐上手铐。"

浅井面无表情。他是个优秀的部下。因为他诚实、善于社交，所以很受年轻家伙们欢迎。他经常出入练功场，给后进的同事当陪练。各个警局之间举行棒球大赛时，他也乐意去救场。他跟别的刑警们打成一片。在这些事情上，一点都看不出他出身于公安。

"你想让我干什么？"

"没有什么特别的意思。这只是我个人的想法而已。您女儿初中的时候和栋方泰博是一个年级的同学，我只是认为股长当然不会忽视这个事实。"

藤岛瞪着他的侧脸。已经到公寓的大门口了。后面尾随而来的白色轿车，用车灯照射着他们。浅井一边从卡罗拉上下车，一边说："有事您叫我，我愿意帮您。"

他走向后面那辆轿车，坐上了副驾驶座。引擎发出吼声，从卡罗拉旁驶过。藤岛盯着逐渐远去的汽车尾灯。

11

　　这是今天晚上第二次洗澡了。在脱衣服的时候，在洗头发的时候，都有公园里的沙子不断落下。每当热水流过，被桐子弄伤的额头就像沸腾了一样，被栋方他们打伤的下颚也火辣辣地疼。他冲了一会儿热水澡，可是依然无法停止颤抖。恐惧和超越恐惧的耻辱让他的心都快崩裂了。

　　他回忆着栋方的话。他们反过来询问加奈子的行踪，看来他们也是真的想要找到加奈子。这家伙被石丸组追赶。启示录的成员们，现在成了黑社会的走狗，也在寻找栋方。而今天晚上，栋方成功地进行了反击。加奈子也一定和这场内部斗争有关系。

　　他摩挲着胳膊上已经结疤的伤。栋方单薄的面孔浮现在眼前，还有松下烦躁的身影和长野充满恐惧的眼睛，神经科医生额头上的皱纹，浅井张开的嘴。他们全都了解加奈子，比自己还了解。嫉妒之情占据了他的胸膛，诅咒不断从嘴里滑出。他必须比其他任何人都要了解她，最了解她的人必须是自己。

　　镜子里自己的身影，就像件穿旧了的衣服。皮肤皱巴巴的，还有污垢。练习剑道锻炼出来的好身材，已经长出了赘肉，暴露出自己的暴饮暴食。眼睛下面的黑眼圈，就像是用马克笔涂抹出来的一样。自从在警察学校被柔道教官勒住脖子扳倒在地之后，这样的失败，还是头一回遇到。他再一次回忆起喉部被铁管勒住的感觉。

他看了一眼录音电话，没有任何留言。打开冰箱，找到了冰镇的红酒。他打开铝包装，用红酒服下了镇定剂，倒在了躺椅上。疲劳在全身蔓延开来，像是要把身体融化。眼球发热，一阵阵地刺痛。他直接把红酒瓶放在嘴边，视线落在加奈子的照片上。"你解释一下，你到底是什么人？你到底做了些什么？你这是为什么啊？"藤岛呢喃着。

空调的风拂弄着他的脸。大概是红酒和镇定剂起效了，他的神经就像融化的奶酪一样舒展开来。照片从手中滑落。深沉的睡意袭来，像是要把他掩埋。

嘭——坚硬的响声把他惊醒。

他又一次闭上眼睛，意识将他埋没，就像双脚陷入了无底的沼泽一般。耳边传来让人心情舒畅的虫鸣声，提醒他季节正在逐渐变换。空调冰冷而干燥的风震动着他的身体，关节已经冰凉了。空调的遥控器挂在墙上。他想起身关掉空调，但房间里一片漆黑。他迷迷糊糊地想起，自己睡着的时候，灯应该是开着的。他试图站起来。

他没能起身。手脚被什么东西有力地压着，无法动弹。

类似于铁的一种金属，用力顶着他的太阳穴。

"什、什么！"

这让他一下子就清醒了过来，睡意和酒精消散到九霄云外。

他拼命转动眼球。在黑暗中，手电筒的强光灼烧着他的视网膜。

三个男人目不转睛地俯视着藤岛，散发着浓烈的体臭。他们的面部皮肤看上去就像融化了一样。他明白了，这几个人头上全都套着丝袜。他们手里握着粗大的手电筒。

"你们……要干什么？"

顶在太阳穴上的，是一把左轮手枪。男人们没有回答他。藤岛就像是在做噩梦，没有丝毫现实感。

"你们是石丸组的吧？"

开什么玩笑啊？一股杀气直冲他的天灵盖，同时涌上来的，是难以抑制的尿意。藤岛中邪似的盯着那把枪。这是真的吗？他在枪管和枪架上寻找着"模型"两个字。但是枪锤被打开的声音让他清醒过来。"住手！别开枪！"

"不许动！"拿左轮手枪的男人说。这是男人们第一次开口。他的声音比较高，年龄大概在 30 岁左右。他手里拿着的枪，传达了他的野蛮愿望。白色的强光胁迫着藤岛。为了躲开枪口，他无意识地向后挺起脊背和腰部。

藤岛短促地点点头。是不是应该推开他们逃跑呢？他为了这个没有答案的问题而烦恼。

突然，他的身体被什么东西包裹了起来。是毛巾被。他反应过来，这是加奈子用的毛巾被。他闻到了浓烈的、属于那姑娘的气味。他祈求加奈子的原谅。求生的本能让他的喉头发出一声悲鸣。

"别开枪！求求你别开枪！别开枪！"

"放哪儿了？"左轮手枪问。

"你们是谁？你们到底是在找什么……"

一阵沉默。他预感暴力即将发生。

"放哪儿了?"

这帮家伙……他的直觉告诉他,对加奈子下手的就是这帮家伙,把女儿……急迫的义务感将他席卷。他清楚地听见加奈子在喊叫:"救救我!"但是依然不得动弹。他的嘴唇松懈,全身的毛孔都在向外喷发着汗水,神经就快被撕裂。

"在壁橱里,我女儿的书包里。"

隔着毛巾被,他依然能感觉到枪还顶在自己的太阳穴上。他听见男人的脚步声朝着加奈子的房间里走去,很快又传来在房间里搜寻东西的声音。

眼冒金星。某种硬物敲击在后脑勺上,耳鸣一直在持续。虽然疼痛还能忍受,但是他最初误以为男人已经开了枪,所以受到的惊吓远超过疼痛的程度。

"你别耍花招了,我们要的可不是冰毒。"

"那你们要的是什么?"

"照片和底片呢?"

"照片?"

某种液体从脖子根儿流向脊背,不是汗水。时间一分一秒地不断流逝,藤岛全身汗毛倒立。"等等,我女儿干了什么?"

"你先回答问题。"

"你们为什么不问她的去向?你们知道是吧?你们把加奈子怎么了?"

藤岛掀开毛巾被,他忘记了手枪和暴力依然存在。他抱住左轮手枪的腿。男人们咒骂着,踢着他的腹部,他难以呼吸。

"在哪儿……你们把加奈子弄哪儿去了？"

他拼命地挤出这句话。

左轮手枪说："你想和你女儿一起去死吗？"

整个世界在一片鲜红中扭曲。

他把手伸向男人的脖子。同时，他感到一阵凉风拂过，头被开了个口子。

不是枪击。时间继续流逝。他发现是枪托砸到了自己的头部，他伸手摸到冰冷的地板，脸庞重重地砸在地板上，逐渐失去了意识。

黑暗而扭曲的视野，难以忍受的不适感让他清醒过来。他疼得想要大叫，但还是忍住了。他侧耳细听，没有任何动静。

他的脸颊贴在地板上，闻到一股金属生锈的味道。流出的血液风干了，变成了粘着剂。

他费了吃奶的力气才爬起来，终于坐在了地板上，得以环视四周。他眯缝着眼睛，视线缓缓地移动。

那帮家伙都不见了。他爬进加奈子的房间，飞虫从敲碎的玻璃窗飞进来，地板上留下的是土块和脚印，到处散落被踩碎的相框和 CD 盒的碎片。世界末日一般的景象让他愕然无语。加奈子……加奈子。

"这也太过分了。"他嘟囔着。自己明明好不容易想要重新来过，好不容易发誓要当个好父亲。他幡然醒悟，这只是他自私的自我怜悯而已。如果不是女儿留下兴奋剂消失无踪，恐怕他一辈子也不能与她相见。他想再次见到她，哪怕只有一次。他想让她看到自己充满父爱的样子。

怜悯立刻转变成了憎恶。那些家伙知道女儿的行踪，他们比自己还要了解女儿。嫉妒快要挤破他的胸膛。

他把消毒液淋在头上，用纱布包扎好，从架子上抓了一把止痛药放在掌心，塞满嘴咽了下去。他戴上棒球帽，把帽檐压得低低的，从厨房拿起菜刀用铝箔包起来。让他吃惊的是，装着兴奋剂的手包居然原封不动。他抓起包走出房间，不能继续留在这里了！

公寓外，整个世界像到了末日一般地安静。他不断小心翼翼地环视四周。他把菜刀和小刀放在副驾驶座上，以便随时都能一伸手就拿到。手包则放在手套箱里。在卡罗拉的行驶途中，他看了好几次后视镜。没有跟踪的车，也没有警笛响起。他从仪表盘上拿出太阳镜戴上，遮住浮肿的眼皮。镜框热得有些发软变形。他以120码的速度飞驰在17号和16号国道上。大量的止痛药已经开始起效，但是他的意识却有些恍惚，如同水波荡漾。

一只手拿着菜刀，一只手拿着小刀，他停下车走进土吕自己居住的公寓。原本就乱得如同垃圾堆的屋子，现在就像加奈子的房间一样，变成了瓦砾堆。从来没叠过的被子被撕得稀巴烂，里边的棉花也被抽了出来。衣柜所有的架子都被拉了出来，电视机翻倒在地。榻榻米上全是脏兮兮的沙土。看来是那帮家伙来过了。

他也同样穿着鞋子就进了屋，脚踩着扔在地上的衣服。他检查了储藏间。里面的空纸箱被拆得四分五裂，塑料泡沫的碎片四处散落。底下那一层的收纳箱里，紧身裤被扯在了外面。在壁橱的深处，躺着一把本木色刀鞘的仿制刀。这是还在当警察的时候，从游戏赌博店里没收来的。他用床单把刀包好，夹在腋下走出了房间。把它插在副驾驶座旁，踩下了油门。

他从岩槻上了东北汽车道，往宇都宫方向开去。不到5分钟，就开进了莲田服务区的灯光下。他把车停在空旷的停车场，看见多辆大型卡车。这里是无家可归的车上生活者的广场。

包裹在床单里的仿制刀，只露出个刀柄，以便他随时可以把刀拔出来。他把小刀塞进衣兜，把菜刀插在座位和手刹中间，做好了随时对付他们袭击的准备。干完这些事情，他终于有时间来思考了。思考关于这帮家伙的事情。

对方可能是黑社会，不知道那到底是不是把真枪，不知道他们长什么样。他们的打扮随处可见。但是，他们所带来的气氛却与黑社会极为相配。女儿绝对和栋方他们有关系。栋方他们和石丸组乂牵扯在一起。兴奋剂是比什么都管用的证据，而那帮家伙却根本不在意。

他的眼角一阵发热，快要掉下泪来。就在他从房间里找到兴奋剂的那一刻，他就已经知道情况会如何变化。他的内心充满了绝望。他回忆起那帮家伙的每一个声音、每一个行为，服装、鞋子、身高和体格。从说话的音色到他们实施的暴力，都一清二楚地铭刻在他脑海中。一定要找到他们，这是一个纯粹的誓言。

他深深地叹了口气，放倒了座位靠背。又借着矿泉水服了好几粒止痛药，驱散了头部的疼痛。在朦胧的意识中，他将手伸向手套箱。吸食毒品会走上什么样的末路，他一清二楚。但是，他从来没有对它如此渴望过。

在生与死的剧烈交错中，他终于抓住了黑暗的尾巴，任由它将自己带入睡梦中。

三年前　5

在放学回家的路上，我终于发现了她的身影。太阳西沉，薄暮降临。

说是在回家的路上，其实这里和我家的方向完全相反。我翻出去年的班级花名册，找到了她家的地址，在附近等她回来。

她轻轻地扬起眉毛，脸上浮现出浅浅的微笑，脸颊飞着淡淡的红霞。不知道她今天是不是又喝了红酒。

我靠在马路的护栏上等了将近两个小时才把她等来。虽说早就做好了心理准备，可是临到她出现，我的心跳依然剧烈地加快了速度。

"你家就在这附近？"

"不是，离这里远着呢。在一丁目那边。"

"是吗……"

她的眼神显示出她对一切已了然于心。

我只能点点头说："我有事跟你说。"

"好，你很坦诚。"她从我身边走过，说道，"边走边说吧。"

我默默无言地跟在她身后。前面是一个被巨大公寓楼群包围着的小公园。快要下山的太阳被公寓遮挡住了光线，让天色显得很暗，似乎黑夜正在悄悄靠近。她毫不在意地跳过小型景观雕塑，走进了公园。

接着，她坐上了秋千，脚蹬地面，把自己荡得高高的。这种充满孩子气的姿势让我吃了一惊。几乎都能看见她裙子里面了，我不由得低下了头。

"你说，怎么了？"

"我想告诉你一声，发生了很多事。"

"啊，什么事？"

她屈膝蹬地，荡得更高了。我不禁深呼吸起来。每一次在她面前开口，都需要勇气。

"最近，有很多人开始接近我了。我的考试成绩也不错，还有人跑来向我请教。这种转变来得太快了。以前他们完全无视我，还老是嘲笑我。所以到现在我也还没完全放下心来。"

她心情舒畅地继续荡秋千，柔软的发丝在风中轻轻飞扬。

"我听着呢，你接着说。"

"然后，在我刚才准备回家的时候，队里的那帮人还朝我挥手。这让人难以置信吧？虽然我不知道他们是不是真的原谅了我。"

"他们本来就是些好家伙。你是想这么说吧？"

"是啊，好多情况都没再出现了。没人在黑板上乱写乱画，也没人撕坏我的衣服和鞋子。当然也没人再对我拳打脚踢了。"

"哦。"

我还想告诉她，那个A和B，就像什么都没发生过一样来找我说话。还有个叫神永的姑娘，通过好几个女孩子传话说她喜欢我。

我还想告诉她，每天我过得都像在乘过山车，像是活在恶作剧中。直到现在我都还认为他们正在挖陷阱，心里依然残留着黑暗的阴影。

"从那天开始我就下定了决心，就在被他们绑着胳膊扔在屋顶的那天。无论他们怎么骂我，怎么无视我，我都不在乎了。但是，我不能让任何人玷污我。"

"我听别人说了。"

"啊？"

"你被人用刀指着。"

我微微摇头："但是，最后那小子其实没有刺我。他其实也不是那么坏的人。"

我抓住了秋千的链子。秋千晃动的势头减弱，幅度小了。她安静地注视着我。

"是你吧？"

"什么？"

"我只能想到是你，启示录。"

沉默和傍晚的黑暗同时袭来，秋千吱吱嘎嘎地发出尖锐的声音。

"是的。"

她像平时一样，说话简练，没有显出丝毫吃惊的样子。

我感到有些难过，她居然和那些流氓有关系。我希望她是那种孤高的存在，我希望她处于谁都无法触及的地方。

而且我想了解她，我想对她了如指掌。你到底是怎样度过每一天的？和什么样的人在一起？不仅仅是这些。你喜欢什么样的食物？你喜欢读什么书？我一点都不了解。

"和栋方联系的是我。"

"为什么……"

"我多管闲事了？"

"我不是这个意思。能够变成现在这样，多亏了你。不过，我不知道你为什么要这么做。而我还没能为你做任何事情。"

她从秋千上跳下来，拍拍裙裾，用食指轻轻戳戳我的胸膛。

"你那天在屋顶说了。"

"嗯？"

"我能变成绪方那样吗？你是那么说的，还记得吗？"

我几度踌躇，最后下定决心点点头。

仅仅只是回忆起这句话，我都觉得脸庞像着火一样发烫。我还以为她肯定没听见，所以一直很放心呢。或许是因为喝了酒吧，我没把严自己的嘴巴。

"所以，我才想让你知道。"

"你说的到底是什么意思？"

"你不明白？"

"绪方也和启示录有关系吗？"

我等待着她的回答。但是她不再开口，她轻轻地低下头，又开始慢慢地荡起秋千。从她透明的表情里，读不出任何东西。

我注意到了一点。让绪方走到自缢身亡这一步的，该不会是启示录吧？临死之前，绪方在学校里已经不再受到欺负了。完全就像现在的我。同班的男生女生，听到启示录的名字就害怕。

我觉得很恐怖。难道我会和绪方走上同样的末路？在学校不再受到任何人欺负的他，实际上有可能被那帮流氓团伙整惨了。如果是这样的话，为什么她会跟那帮家伙有来往呢？

"你明天来吗？"

"啊？"

"他们有个聚会。"

她目不转睛，试探般地盯着我。

"为什么要叫我去？"

"如果你来，或许就能明白了。能明白他，也能明白他们。"

"我……"

我含糊其辞。我最想了解的是你，是能让那么危险的团体都乖乖听命的你……

"你害怕了？"

"你也是启示录的人？"

"这个嘛，说不清。"

我悄悄地缓缓靠近她。秋千每次晃过来，都飘来一股水果的甜香。

"无所谓。"

"什么？"

"没什么。"

无所谓，我在心里又一次呢喃。即使她算计我也无所谓，不管发生什么事都无所谓。她为我拔掉了刺入身体的无数荆棘，这就足够了。

我仰望着藤岛加奈子。她淡淡的瞳仁里聚集着街灯的光线，就像明艳的宝石一样闪闪发光。这颗宝石，我希望永远都能看见。

12

　　太阳一露脸，车厢里就变成灼热的烤箱。在痛苦与妄想中，他徘徊于浅睡。完全清醒后，他用毛巾擦掉喷涌的汗水。座位湿乎乎的，包扎伤口的绷带也蒸发出潮气。时针已经快要指向8点，他下车走向卫生间。以车为巢的无家可归者们，占领了厕所。他在小吃店要了碗荞麦面。连喝口面汤都需要竭尽全力。

　　他打开汽车引擎，把空调的风量开到最大。汗水在凉风的吹拂中消散了，因为服药而沉甸甸的脑袋也逐渐清醒过来。他打开后座上放着的旅行包，拨开换洗衣服，取出了一个文件夹。

　　在文件夹里，贴满了无数和5号超市案件有关的报纸和杂志。这份文件是难以抑制的兴趣驱使他做的，他不知已经阅读过多少遍了。数不清的事实和臆测交织在一起。三个被害人之一的安田伸子，是现场附近一家小酒馆的老板娘。有传闻说，一名客人总是跟踪她，缠着她不放。

　　在便利店打工的店员川本浩，据说在藤岛进入店内的时候还有一丝气息。他正就读于理发美容学校，22岁。几天前，他曾经赶走过一个喝醉酒在店里抢夺商品的男人。不过这个醉鬼并不是什么无法无天、企图报复的家伙，而是附近一个出了名的应声虫，是个花匠。他恐怕和这案子没什么关系。

第三个被害人小山顺平，是一个毕业于工业高中，正在读专科学校的21岁青年。报道的信息仅限于此。专科学校的老师及其朋友的证言显示，他成绩优秀，梦想当个摄影师。他和栋方曾经有过来往，栋方则与加奈子有关系。

案子发生的几十分钟之后，在距离现场几公里远的东大宫车站前，在商业街等待客人的出租车司机看见了多名貌似韩国人的男性。

同样，被认为是暴走族的一帮家伙，尽管下着倾盆大雨，还是以极快的速度飞驰经过了现场附近的16号国道。附近的居民听见了他们的声音。

翻到下一页，所有报道跃出纸面的都是大号标题和文字。据鉴定科的人说，没有确定嫌疑人的脚印。没有指纹，没有体液。安防录像里也没有留下任何影像。

报道的文字在跳跃。多么冷酷而残忍的杀人方式，极为惨不忍睹的案发现场。版面上装饰着感叹号。藤岛额头上冒出薄薄的一层汗，心跳加速，被砸伤的头部开始疼起来。他回忆起昨晚的事，感觉一阵痛楚袭来，就像有人拿手使劲捏住了自己的胃部。

他在思考和启示录有关联的石丸组的情况。这是个老巢就在县内的联合大企业，是以关东为中心的、全国性暴力组织印幡会旗下的团体。石丸组的经营范围从餐饮店、风俗店到毛巾卷、观叶植物的搬运业，从游戏咖啡厅到金融业。还让他们下属的企业把所泽垃圾处理厂的废弃物运送到位于秩父深山老林中的最终处理厂。虽然印幡会严令禁止贩毒，但是石丸组牵头组织贩卖兴奋剂，已经是个公开的秘密。既然是这样一个组织，那么它手底下有人会干出这样的杀戮，也不是什么稀罕事。

前胸口袋里的手机振动了起来，看不出电话号码。

"喂，哪位？"

"……我……是松下。"

他忍住没有叹气。加奈子不可能给自己打电话，他应该是清楚的。

"你终于愿意把朋友介绍给我了？"

"我还没决定。"

"哦……"

"你真啰嗦，我能给你打电话就不错了。"

"她现在在哪儿？"

"我不能告诉你。"

"喂，你是知道的，目前是怎么样的情况。"

长时间的沉默，长得不正常。

"……我建议她去找警察。"

握着电话的手腕疼起来，他强装镇定。

"然后呢？"

"她说考虑考虑，就这样。"

这声音里重叠着疲劳和虚脱。

"哦。"

他不由得放心地松了口气，不知道松下是不是感觉到了，藤岛发现怒气正在听筒的另一端膨胀。

"'哦'？你就没别的要说吗？我知道现在发生了危险的事。也知道像你我这样的人，面对这一危险是束手无策的。所以我才建议她去找警察。我和你不一样，我是在真心地为她考虑。"

"根本没有任何差别。你也好，我也好。"

"你说什么啊？"

"我不知道她藏在哪儿。不就是朋友家一类的吗？说不定就在你家里。但是如果你真想领她去找警察，根本不需要管她怎么想，把房间窗户砸了就行。管你喜不喜欢，警察都会来。"

没有反应，她保持着沉默。

藤岛继续说："你是害怕她讨厌你吧？你一开始就知道，要说服她是不可能的。"

她没有要挂断电话的样子。

"我跟你没什么不一样，我们都不愿意她消失！"

还是没有反应。

"你在听我说话吗？"

"在听着呢，虽然听得我相当不痛快。"

"你敲碎玻璃试试看？"

"你别得寸进尺！"

"那该怎么办？"

又是短暂的沉默。

"十点钟，在东口的乐天。"

"喂！"

她只是飞快地说了这么一句，就挂断了电话。

手机立刻又响了，他没看号码就按下了通话键。按下后他立刻就后悔了。不是她，不是松下，也不是加奈子。

"藤岛，你现在在哪儿啊？"

打来电话的是单位的所长。请的假早就过了。

"不好意思，我想再请一天假。"

"别说傻话了，你也应该知道现在是个什么状况吧？"

"对不起。"

"就在警察接二连三找你问话的时候，我可是剥夺了别人的休息时间，好不容易才排好出勤表的。"

"就今天一天，拜托您了。我实在是有事脱不开身。"

"谁不是这样啊？尤其是那帮年轻人，火气大着呢。还有，销售这边也有很大压力呢。因为那案子，我们所的信誉都遭到怀疑了。"

他只差没说案子发生都怪藤岛。头上的伤口还在疼，因为天气炎热，似乎马上就要开始腐烂。

"对不起。"

"我不想说这种话。但是藤岛，虽然我不知道这背后有什么缘故，但是你应该感谢我们公司雇佣你吧？要说起来，警察问话一结束，你就应该主动跑来点头哈腰，表示自己要粉身碎骨好好干，这才符合常理啊！"

"啰嗦！"

"嗯？"

"我说你啰嗦啊！"

"你……"

他挂断电话，把所长的哑口无言挡在了电话的另一端。手机

162

立刻又振动起来。他把手机扔在副驾驶座上，不再理睬。

不能回公司。他眼前浮现出自己再次穿上制服，在所长面前点头哈腰的身影。这简直就是个可恶的玩笑。追寻加奈子的行踪才是最重要的。

太阳升起来，停车场就要停满了，都是和家人一起来过暑假的。他看见一位父亲，牵着年幼女儿的手，让他心中涌上一种复杂的情绪。

他沿着东北汽车道北上，从久喜出口离开，再次向南开往大宫。他不断从后视镜里确认后方的情况。他把车停在车站前的立体停车场。卷帘门打开的专卖店，连人行道都摆放着商品的药店，轰轰作响的游戏中心。他穿过开始营业的商业街，走进和松下约好的快餐店。时间刚过 10 点。

他点了杯咖啡，上到二楼。松下已经挑角落里的座位坐下了，两眼盯着桌子。一看见他，她就目瞪口呆地问："你这是怎么了？"

"什么怎么了？"

她将视线移向他的帽子。藤岛坐了下来。

"谁干的？"

"没什么大不了的。"

"我并不是在担心你。我只是在想，没准哪天我们也会变成这样。"

"你们做了什么会导致这种情况出现的事吗？"

"你好好回答我！如果你想见她，就不要有任何隐瞒。"

她投来的目光毫不胆怯。藤岛拿出笔记本，抽出夹在里面的照片，指着毕业照上的栋方问道："你认识这家伙吗？"

松下拿着照片看了一眼，扔在了桌上。

"不认识，他是谁啊？"

"我们相互之间不要有任何隐瞒。"

他注意到松下的眼睛里隐隐闪过一丝恐惧。

"是他干的？"

"别岔开话题。你认识他吧？"

"我不是说不认识吗？你有义务说实话，我可没有。"

他喝了一口咖啡，忍住了涌上喉头的谩骂。

"长野在哪里？"

"你说，是不是他干的？"

他深深地叹了口气。

"没错，是的。"

"为什么？"

"他和加奈子初中是一个年级的，现在是一个叫做启示录的组织的头儿。加奈子的兴奋剂很有可能就是从他那儿弄来的，所以我去找他问了。"

"你疯了吧？居然这么做。"

"他们内部斗争闹得正厉害，我被卷进去了，下巴上的伤就是这么来的。"

"那你头上的伤呢？不是缠着纱布吗？"

他摘下头上的帽子。汗水蒸腾起来，纱布也潮了。

"在自己家里被打的。"

"被你老婆打的？"她觉得有些可笑似的扬起嘴角，但是表情转瞬间变得阴郁起来，"到底是谁打的？"

"不知道。因为他们全都蒙着脸，所以我不知道他们长什么样。这是他们拿手枪砸的。"

"手枪？是真家伙吗？"

"恐怕是。"

松下摇摇头。

"为什么，为什么会这样？"

"我不是说过好几遍了吗？事情就是这么危险。"

"你说的都是真的吧？"

"你爱怎么想就怎么想。说好了不隐瞒，所以我就告诉你一声。"

"可是，这种情况……"

松下抓抓自己的头发。梳理得整整齐齐的黑发在她指缝中摇曳。

"或许你不相信，但是你的朋友知道事情会变成这样，所以她才会那么害怕。"

松下把胳膊肘撑在桌上，似乎陷入了沉思。很快，她就下定决心似的点点头，从手提袋里拿出一把钥匙，放在桌上。

"这是什么？"

"是长野让我交给你的。"

藤岛把钥匙拿在手里端详着。钥匙上刻着摩托车厂家的标志。

"她叫你把这个交给我？"

她点点头，什么都没说。

"这是把摩托车钥匙吧。谁的？"

"不知道，她只是交代我把它给你。"

"你说谎，你肯定会打破砂锅问到底的。"

她的面部表情扭曲了，就像被打垮了似的。不知道她们两人之间究竟发生了什么样的争论。但是，他似乎看见松下在拼命地摇晃长野的肩膀。

"那她人在哪里？"

松下的脸色瞬间变得灰暗，显得筋疲力尽。

"这还用说吗？她在我家呢。本来想找个远点的酒店，但是我们没那么多钱，不可能天天住酒店啊。不过，一开始的时候，我以为她得了被害妄想症呢。再怎么说她现在没吸毒了，可是幻觉重现的情况还是挺厉害。所以我还以为她又复吸了呢。"

"她从什么时候开始那么害怕的？"

"……我觉得是从一个星期以前开始的。从那时候起，她白天基本上就不离开预备学校，还好几次叫我到她家去玩。我觉得她一定是不敢一个人回家。"

一个星期以前。他想起了便利店里的鲜血，还有关东煮的香味。

他从笔记本里抽出剪报，被杀害的小山微笑着。

"你认识他吗？"

和看栋方照片的时候不同，她花了很长的时间来辨认。

"不认识，但是我好像见过他。"她明白了藤岛想说的话，惊慌地抬起头，"不会吧？为什么啊？"

"我还不清楚。但是，刚才那小子和她有关系。从现在算，这案子恰好就是在一个星期之前发生的。"

"她跟这案子不会有关系的，肯定没关系。"

她的语气很平淡，明显只是说说而已。她叹了口气，有些犹豫地拿出了手机。她按下通话键，烦躁地啃着大拇指的指甲。

"等等，等等。"

她像是在说给自己听，不停地按着通话键。

"你最后一次跟她联系是在什么时候？"

"她早晨明明在啊，为什么不接电话呢？"

这回她又是在往自己家里拨电话吧？他听不见听筒里传来的声音，只看见她默默无语地一直把手机放在耳边。很快，她就向他投来走投无路的目光。她的嘴唇松懈，脸色变得惨白。

"你不能再开快点儿吗？"

坐在副驾驶座的松下责备似的说。他们正驾车驶向她所在的上尾方向。是他叫住了冲出快餐店，往车站跑去的松下，让她上了车。她家位于上尾市边缘地带，从最近的车站坐公交车，还需要 10 来分钟。

路上比较顺利。他抄近道离开市区，往郊外开去。基本上没有遇到红灯，很快就上了 16 号国道。

"你急也没用。我们现在往那儿赶，本身都可能是毫无意义的。"

突然一个红灯，他猛地踩下了刹车。他虽然嘴上这么说，车却开得很猛。被安全带绑着的身体猛地向前俯冲。他扫了一眼她的侧脸。她好像是在强忍住呕吐，眼睛紧紧地闭着，双手握得死死的。

"长野最近一直在说。"

绿灯一亮，藤岛就踩下了油门，时速超过了 80 公里。

"她说，自己可能会出事。"

"她想太多了。"

"那你这伤又是怎么一回事呢？难道被手枪砸了是你骗我的？"这已经不知道是她第几次按下通话键了，电话却一直都接不通，"够了，难道你还不够痛苦吗？你为什么不能置之不理啊？"

他关掉了吵闹的收音机，流行歌曲的声音戛然而止。他打了方向灯并线。

"这全都是加奈子的错。把她拉进来，自己却一个人跑了。"

他一边开车一边打开手套箱，抓出放在里面的手包，扔给了她。松下惊讶地盯着包，慢慢地拉开拉链。他听见她倒吸一口凉气。

"那家伙到底做了些什么呀？"

她的目光落在包里装的东西上。表情中既有厌恶，也有入迷的神色。

"加奈子很聪明，长相和身材像模特一样。可是她的内心却疯狂得不得了……按常理来说，谁会让自己的朋友成为这种东西的俘虏啊？谁会让自己的朋友去卖这东西啊？不是吗？"

因为他们的车是突然挤进别的车道的，所以后面响起了一片喇叭声。

"不管我怎么追问，加奈子都只是笑笑。虽然我觉得对不起长野，但是我打算去找警察。一想到还会有别的姑娘遇到这种事，我就受不了。"

"但是你没那么做。"

他听见了啜泣声。

"那天冷得要命。就在我从学校回家的路上，周围一片漆黑。开来了一辆车，我突然就被他们拽上了车……"

她说不下去了。他在想加奈子，但是无论如何思考，都没有一丝现实感。那帮家伙一定是启示录的人。他们用毒品诱骗了无数少女，支使小流氓们，残忍地攻击反抗者。完全就是暴君。他实在难以描绘出他们的形象。

"你认为加奈子还活着吗？"

她抬起被眼泪浸湿的脸，难以理解地望着他。没有回答。在他们前行的北方天空，覆盖着巨大的积雨云。

上尾市的郊外，穿过绿油油的田园，眼前突然出现巨大的公寓楼群。他们驶近几栋模仿砖造建筑物修建的褐色住宅，穿过楼宇之间的公园。

无论是公园里还是马路上，都没几个人影。四处弥漫着日常生活的平静。住宅区里的邮局门口，一位撑着遮阳伞的老妇人擦着汗走了进去。一个穿着背心的小女孩，正在和与她身高并不相称的自行车搏斗。这样的场景和内心紧张的藤岛二人形成了鲜明的对比。他们把车停在松下家所在的那栋楼附近。车刚停好，松下就下车飞奔了过去，藤岛跟在后面。

他们避开大门口的自行车，没有坐电梯，而是从铁楼梯上了楼。她就像被什么东西附体似的飞奔。藤岛紧随其后，汗如井喷。爬到四楼时，他的腿都软了，被香烟污染的肺部鸣响了警笛。

等他到达松下家所在的七楼，她已经把钥匙插进了锁孔，打开了门。他穿过白色混凝土的走廊，来到了屋子的玄关前。

眼前，是她呆立着的背影，黑色 T 恤衫上浸染着汗迹。

"喂！"

他不由得闭上了嘴。他闻到一股干花的香味，在这香味上还覆盖着一层血腥味。他已经逐渐熟悉了这种气味。越过她的后背，他看见铺着地板的走廊里，有一条细长的红线。他凝视着这条红线，忘记了呼吸。

他推开浑身发抖的松下。通向起居室的门开着。在浅蓝色的地毯上，躺着一个人，双腿交叉、身体扭曲。有着短小身躯、橙色头发的少女，眼神中充满了恐惧——她确实是长野智子。

身着白衫的少女，胸前绽放着一朵红黑色的花。从圆睁的双目中流出的眼泪依然挂在脸颊上，似乎还在哭泣。快叫救护车——他咽下了这句涌上喉头的话。苍白的、没有生气的脸。她早就已经断气了。她牙关紧咬，细眉弯曲，脸上流露出吃惊和懊悔。

房间里没有被人破坏的样子。手机还放在桌上。他隔着手帕拿起手机，操作按钮，弄清了来电记录和重拨号码。

来电中，有几个电话是她家里打来的，还有几个是松下拨的。重拨电话没有姓名，只有号码，是她今天早晨 9 点半拨打的。他对这个号码有印象，但是一时之间想不起来到底是谁。不过这个电话——

地板上扑通一声响。松下就像断了线的木偶一样，膝盖一弯跪倒在地。她嘴角下垂，似乎已经走投无路。

"不是真的吧，这不是真的吧？"

她的声音中充斥着空虚和呆滞。

他再次观察遗体，不禁伸手捂住了嘴巴。自己昨天差点落到这样的命运。遗体变成藤岛自己，变成了加奈子，朝他微笑。

13

已经十年没来过的上尾警察局，停车场里已经挤满了媒体工作人员。他碰上了几个局里认识的人，感到几分羞耻，几分愤怒。虽然自己没戴手铐，可是他们看待自己的眼光，完全就像在看罪犯。

到达审讯室。他斟词酌句，在最小范围内讲述了事情的经过。他为了寻找行踪不明的女儿，打听消息时，偶然碰上了这具尸体。

"我们从头来一次。你是在找失踪的女儿是吗？"

"嗯。"

"有收获了吗？"

藤岛摇摇头。

"用嘴巴回答，要不没法做笔录。"

"没有。"

"有人知道她的下落吗？"

"没有。"

"你为什么没有报警？是做了什么亏心事？"

"告诉你们只是浪费时间。"

"你辞职不干之后，被迫离婚，监护权也被抢走了。真是一败涂地哦。"

"是啊。"

"现在工作怎么样？顺心吗？"

藤岛摇摇头。

"说出声来！要我告诉你几遍啊？"

"不怎么样。"

"压力大，对吧？"

"……"

"你没把女儿关在什么地方吧？还是已经把她杀了？"

藤岛笑了起来。他不理睬对方的挑衅。虽然他眼前的景象已经发红、扭曲，太阳穴随着脉搏在猛烈地跳动。

审讯期间，他在想着被带到其他房间去的松下。她会和盘托出吧，关于染上毒瘾的加奈子，还有那帮小子，以及松下本人的遭遇。一想到加奈子的黑暗面会被暴露无遗，他就难以忍受。这些事情，他希望只埋藏在自己这个当父亲的心底。

他在想着长野的事。无论是在发现遗体的起居室、卧室和浴室，还是海报贴满墙、到处是衣服的松下的房间，没有一处被翻乱过。窗户是完好无损的，玄关的大门也没被捣过鬼。唯一和松下一起生活的人——她的母亲一早就出门上班去了。经过调查，可以推测她被杀害的时间是在上午十点前后，正是藤岛和松下在快餐店见面的时候。

玄关的走廊里还留有血泊。把自己关在房间里的她，为某个来访者开了门。如此惊惧的少女，会为谁把门打开呢？她当时想了些什么呢？她一定还没有时间做出反应，刀刃就已经插进了胸膛。她的胳膊和双手没有因为抵抗而受伤。她就那样一步一步走到起居室，一步一步逼近死亡。门铃响了，她谨慎地靠近玄关，从猫眼里确认了对方的身份，取下链子，打开门锁。随着大门敞开，加奈子携着室外的热浪，微笑着走进房间……

藤岛强压住已经陷入混沌的感情。现实已经不再是现实。危机四伏，让他感到自己似乎就要落入无尽的黑暗。饶了我吧！再这样下去，我将无法承受！

"……那么，你见过被害人吗？"

"两天前见过一次。"

"她知道你女儿的下落吗？"

"什么都没有。"

"什么都没有？你这话什么意思？"

"她什么都没有告诉我。"

"那你为什么又来找她？"

"因为我觉得她知道些什么。"

"你发火了是吧？她们俩铁了心不开口，松下惠美说她还扇了你一个耳光。你忍不下去了？"

"你什么意思？"

"就你这情况，有充足的动机。"

"你开什么玩笑！"

"你当刑警那时候评价如何，谁都知道。要不然，我把当时的书面检查拿出来给你看看？说实在话，局里真是松了口气。多亏你把那奸夫打了个半死，才总算找到了把你开掉的理由。虽然你到现在好像还把自己当成局里的人……"

他对这些家伙所说的话充耳不闻，而是屏蔽掉这些杂音，继续思考。恐怕警方已经把加奈子当成了特定搜查对象、当成了嫌疑人在寻找。就算他们已经掌握了女儿的黑暗面，也没什么好奇怪的。

无论怎样，女儿是属于自己的。他注视着窗外即将落下的夜幕，发誓绝对不把女儿交给这帮家伙。

似乎会永远持续下去的审讯，到凌晨两点多的时候结束了。可能是因为松下为他提供了不在场证明。

大门和停车场都没有人了。他不禁回头望了一眼一楼的大厅，但并没有看见被同时带来的松下。警方应该是早就让她回家了吧。明天，或许还会有刑警和媒体的人去桐子的父母家。桐子会实话实说吗？兴奋剂、启示录、被杀害的长野、女儿黑暗的真面目。他担心这一切将让桐子无法承受。

就在他穿过停车场的时候，耳边传来了短促的汽车喇叭声，是辆银色的日产 Skyline。浅井正在对他微笑。

"我送您吧。"

藤岛警惕地看看他，还是坐到了副驾驶座上。他把座椅放倒，以便休息一下被长时间的审讯折磨得发硬的身体。

"看来您被折腾得够呛啊。"

浅井的声音洪亮得让人听了不舒服。

汽车轰的　声向前开去，目的地是长野被杀害的案发现场，藤岛的卡罗拉还停在那里。Skyline 离开警察局，驶上深夜的国道。藤岛感到一种奇妙的即视感。昨天晚上，当他强忍着暴力留下的痛楚时，浅井也是这样送他的。

车灯将飞虫的群落撕扯开来。

"请打开手套箱。"浅井突然说。里面有好几把刀，还有黑色的手包。他慌忙拉开拉链。注射器、烟嘴，还有装着兴奋剂的小包。看来什么东西都没少。

"我找了辖区的朋友帮忙，否则您肯定躲不过紧急搜查。"

他感觉身上起了一层鸡皮疙瘩，却并不是因为车里空调的凉风。当时，松下呼吸困难，玄关的门又大开着。隔壁的女主人出来一看，立刻惊叫起来。为数众多的警车、警察很快赶到公寓，他完全无法自由行动，更来不及把放在车里的兴奋剂、刀具和仿制刀藏起来。鉴定科的人把卡罗拉毫无遗漏地搜了个遍，真要命。

"你想让我干什么？"

浅井握着方向盘，一言不发。

"这案子，和警察有关系吧？"

浅井依然一言不发。

长野的手机。他想起了手机显示的拨出号码。

那是大宫警察局的电话。有好几条线索将他引向这个答案。但是让他确信无疑的，是长野的死亡现场。她恐怕是被松下说服了，于是联系了警察，打算将自己的过去和盘托出。她不可能轻易打开房门。她应该是在猫眼里确认了对方的警官证之后，才打开门将来者迎入的。迎入的那个人，携带的刀具有着长达几十厘米的刀刃。所以那个人绝对不是加奈子。

"你说啊！那起凶杀案，也和警察有关吧？"

警察参与了多人被害的案子。他试图思考这罪行是如何犯下的，却毫无头绪。

"你是从什么时候开始干内务调查这活的？"

他眼前出现了死亡店员的身影。

"我的职务没有变，不过是辖区的强行班队员而已。"

"你别开玩笑了！"

"我们盯上了几个人，这是绝密行动。"

"是谁？"

"这个我不能告诉你。"

"你想让我怎么做？"

一辆大卡车以极快的速度呼啸而过。他的话音被轰隆作响的发动机声所掩盖。

"我发自内心地希望股长您能找到女儿。"

"你别胡说八道了。你们情况掌握到什么地步了？"

"她的下落，我们现在还不知道。她真是聪明啊。应该是逃跑了，但是几乎没有留下任何踪迹。不过，这只是时间的问题。他们一定也在找她。"

"他们？"

藤岛脑中浮现的，是闯进加奈子房间的那些男人。他们套在头上的长筒袜、手里拿的枪，还有脚上的鞋子出现在他眼前。

"原来是照片啊。"

"什么？"

紧跟着的是他模糊难辨的、无意识的呻吟声："混蛋！就为了这个，就为了这个，居然杀了那么多人！"

不知是愤怒还是恐惧的沉重心情，让他一阵眩晕，眼角都湿润了。

"他们要是敢动我女儿，动我女儿一根手指头，我就杀了他们！绝对会杀了他们！"

加奈子究竟将多少人推向了苦闷的深渊啊？

即使是这样，他也想保护她。四周的黑暗蔓延得越广，惨叫的声音越大，他就越想保护她。他想要跪下道歉，在活生生的她面前。他想要理解她，还想代替那些发出惨叫的人们狠狠地揍她。

"您看看这个。"

浅井把后座上的一个透明文件夹递给他。里面放着案子里那些被害者的经历调查文件。他打开阅读灯，浏览了一下小山顺平的情况。他在上工业学校，同时，直到两年前还是启示录的成员。在此期间，他曾经因为在超市偷东西而被教导过两次。在工业学校读书的时候，他加入了摄影社团。

读完之后，一个单纯的推测建立了起来。小山顺平拍摄了什么东西，冲印了出来，就像一枚暗藏火力的炸弹。那帮家伙也嗅到了这些照片的存在。他在被杀害之前，将东西托付给了加奈子。不，或许这本来就是按照她的命令在行事。

上尾的公寓群，松下的房间周围，覆盖着蓝色的塑料布。藤岛的卡罗拉还停在那儿，没有上锁，玻璃窗也开着。这怎么看都是警察故意干的。

"混蛋!"

夜晚的潮湿空气将座位打湿了。他再一次把手包放进了手套箱。早该找个收费储物柜把它存进去。要是因为非法持有这种东西而被逮捕了，可并不划算。但是，他无论如何也想把它带在身边。虽然这只是个令人憎恶的东西，但却是他和女儿之间为数不多的羁绊之一。

"这也是您的东西。"浅井打开 Skyline 的后备厢，里面是那把插在原木刀鞘里的仿制刀。藤岛接过来，打开卡罗拉的车门，把它竖在副驾驶座上。

"你说点什么吧?"

"我可什么都没看见哦。"

藤岛目送着 Skyline 逐渐远去，然后进入松下家所在的那栋楼，坐电梯上了 7 层。通道上贴着禁止入内的黄色胶带。他把手帕裹在手上，跨过胶带，握住门把手。门上着锁。他只是想确认一下，这件事是不是真的发生了。他离开公寓，钻进卡罗拉。当他一坐在潮湿的椅子上，全身的力气就仿佛都被抽光了。自从得知加奈子失踪，他就没好好睡过一觉。

他从久喜入口上了东北道，再一次开进莲田服务区。他把仿制刀放在身边，在喷涂得花里胡哨的大卡车的包围当中，闭上了双眼。

三年前　6

"我走了。"

我把手伸向大门之际，妈妈对我说："路上小心。"儿子明明要在半夜出门，妈妈的音调却仿佛有些快活，甚至让人感觉到一丝兴奋。

听到这句话后，我才发现，妈妈一直都在担心着孤独的我。我真后悔没有第一时间回应她的感情，并且打心底为自己无法告诉她真相而感到抱歉。

我告诉妈妈，我是出去和朋友一起放烟火。虽然我觉得这不应该是6月上旬撒的谎，但实在想不到其他外出的理由。总不能告诉她我要去参加不良少年的聚会吧？

连续下了好几天雨，所以有一些冷。我踩着水塘，穿过住宅区来到马路上。沿着双向四车道旁的河岸步行一百米左右，能看见便利店明亮的招牌。那里就是集合的场所。

她昨天这么对我说："明晚8点，那里会有人来接应。"

"你呢？"

我怎么也无法掩饰自己不安的语调。

"你很担心我？"

"说实话，我担心得不得了。"

"我们一定能够再见的。"她微笑着说。所以我决定不再多问什么。

便利店的门口停着几辆车。好几个高中生背着大大的运动包，大口吃着炸鸡腿或是热狗。

我一边回想着自己参加社团活动的那段时期，一边望向能够停得下卡车的宽阔停车场。那里停着好几辆车。

特别显眼的是一辆大的白色旅行车。即使是不懂车的我，也知道那是一辆叫做雪佛兰阿斯特罗[①]的美国车。

车窗上贴着黑色的膜，看不见里面的情况。也许是因为车一直没熄火，从黑色的窗口能看见一丝蓝光，还能听到震颤全身的喧嚣音乐——低俗、大声、吵闹。我被这种像是在夸耀不祥的气氛给震慑住了，不禁犹豫了一下。

"濑冈。"

黑色的车窗落下，从中传来喊我名字的声音。冷不防的呼声使我周身为之一振。车里的一名少女向我招手，不是藤岛。她有一头褐色短发，粘着长长的假睫毛，可能是因为化着浓妆的关系，眼睛周围一圈都是黑的。她撅起有点厚的嘴唇，把我从上到下打量了一番。

"你在这里干什么？"

我认识这个少女，虽然回忆需要一点时间。她和我一个学校，叫远藤那美。她几乎不在学校露面，没想到竟然认识我。

"你就是濑冈啊？"

驾驶座的车窗落下，一个金色短发的男人探出头。他竭尽所能地张大嘴笑着，有一只门牙闪着金光。

我一边反复询问自己到底该不该上车，一边拉开车门。

"怎么，上不上车？"

远藤有些不耐烦，短短的制服裙下露出值得炫耀的白皙大

---

① 阿斯特罗（Chevrolet Astro），美国通用在 1985—2005 年生产的车。

腿。她摇晃的膝盖应该是在催促我。

"欢迎欢迎，大家都在等我们哦。"

金发男随着舞曲的节奏抖动身体，同时冲着我笑。他让我感到浮华、心宽，却又毛骨悚然。

我将恐惧与胆怯赶走，一脚踏进车内。我决定相信藤岛的话："这一定会成为一个难忘的夜晚。"

当我的身体陷入松软的毛皮坐垫后，金发男回过头来对着我高兴地笑，并开始挂挡。远藤则用冷冷的目光看着我。

大型喇叭发出的轰鸣声搅乱我的心。汽车香氛与远藤的香水酿成一种浓郁的人工香味。车内灯发着蓝光，热带花朵装饰得满目皆是。我尽可能假装平静，随着车子一起摇晃。

我不知道车将开往何处。

尽管音乐声很吵，可金发男还是时不时地向我搭话。

"学校生活开心吗？""你想考哪所高中？""我在你那么大的时候啊……""你喜欢车吗？""那部漫画真有趣啊！"

每次我都不得不将耳朵凑过去，于是漏看了许多窗外的景色。我只知道，我们应该在向北面行驶。

我询问，我们的目的地是哪儿。金发男回答："地狱一丁目。"然后煞有介事地笑起来。我在心里向一定正在为我担心的父母道歉，这样下去，回家一定会很晚。

车开了大概有一个小时，尽是在没什么路灯的地方行驶。一开始周围蔓延着沼泽似的田野，最后开上了树木繁茂的小山。途中经历了好多次 U 形转角。

"这里究竟……"

金发男打方向盘转了个弯，我急忙将视线投向窗外。

一个巨大的招牌映入眼帘，上面写着一个红色的"满"，和一个蓝色的"空"。我开始心跳加速，这里应该是一个情人酒店。

好像是为了证实我的猜测，树篱包围着的道路前方，有一个白色的三层楼建筑物，怎么看都像是情人酒店。屋顶是梦幻式的尖屋顶，还有好几根砖块砌的柱子。

只不过样子有些奇怪。因为这个酒店没有一丝灯光，整座建筑物被周围树木的浓厚绿意给包围了。树篱随意生长，没有人修剪，时不时还会擦碰到阿斯特罗。

在这条通往酒店的私有道路上，散落着好多塑料瓶、纸屑，柏油路也有几道裂缝。走近一看，酒店的外墙已经褪色，看上去像是窗户的地方没有玻璃，露出好多个洞。

也就是说酒店早就不营业了，变成了一座废墟。我稍稍安下了心，却升起了另一种紧张——该不会是这个地方吧？

阿斯特罗的车灯照亮了挡在前方的锁，金发男按响了喇叭。用礼帽遮住半边脸的少年从树篱暗处出现，熟练地打开锁，向金发男挥手示意。

车子缓缓地开入酒店的地盘。

终于能够看清酒店的全貌了。酒店的一楼是停车场，能看见打扮得随心所欲的男男女女。好几辆汽车、摩托车随处乱停，车灯成了这里唯一的照明设施。

"到了哦！"

随着车子的前行，人流分散开来。没有熄火，金发男就这样下了车。远藤也跟着他下了车。我深呼吸了一下才下车，简直就像踏上了野生动物熙熙攘攘的非洲大地。

同时，我被另一种轰鸣声包围。随处乱停的车上播放着各种音乐，刚刚还是黑人伴着嘻哈音乐唱着rap，马上又变成激烈的吉他硬摇滚。再加上舞曲和电子乐的机械节奏，地面也随着规律地震动。

应该有二十个人左右。有的人穿着松垮的T恤配上肥大的牛仔裤，俨然一副黑人打扮；有的人穿着花哨的棒球夹克；还有的人穿着衬衫西装，像黑社会一样。发型也有很多花样：棕发、长发、光头、脏辫等。

女孩子大多穿着校服，仿佛在强调自己是女高中生或女初中生一样。她们分为好几个团体，一边兴奋地聊天，一边随着音乐晃动身体。

香烟的火光在黑暗中划过。一手香烟一手啤酒，上半身裸露的少年们在混凝土地面上滑着滑板。

我条件反射地开始寻找她的身影——纤细高挑、一头长发的藤岛加奈子的身影。

虽然一不小心人脸就会在刺眼的灯光抑或黑暗中消失，不过寻找并没有花太长的时间。她不在这里，车里、停车场的角落里，都找不到她。

一种宛若冰冻的紧张感揪着我的心脏，在这里我一个人也不认识，好像裸奔在街头的感觉。

有人狠狠地敲了一下我的肩膀。一回头，发现是刚才在酒店门口为我们开锁的戴着礼帽的少年。他似乎是喝醉了，用毫无节制的表情对着我笑。

"咦——你看上去真小。"

这名少年看上去像是高中生。我懒得回答，他继续说："是栋方叫你来的？"

我刚想回答，是藤岛叫我来的，结果还是咽下了这句话，沉默着点点头。

"那么……"

少年自以为是地笑了笑，向我伸出一只手。我摇摇头。他指的应该是腕力。

"那是为了什么？摩托车，还是这个？"

少年弯起食指，我再次摇摇头。我并不是为了来骑摩托，或是偷盗。

"我……"

"明白了，是那个吧？我明白了。"

少年突然瞪大眼睛扑了过来，他将双手放在我的肩膀上对我大喊。他的样子简直就像一只大猩猩。

"加油！我明白的，加油！"

刚才开车的金发男抓住我的胳膊，把啤酒瓶硬塞到我的手中。

"喝吧。不凑巧，这里从 1969 年起，就再也没有红酒了。"

"什么？"

"老鹰乐队的《加州旅馆》。你没听过这么老的摇滚吧？"

金发男想让我赶快喝酒，于是推推我的手臂。喝不惯酒的我忍着苦味和酒精味，翻着白眼吞了下去。这里明明是废墟，啤酒却很凉。

"快喝醉吧！在这里头脑再清醒也没用。"

金发男熟稔地搭着我的肩膀，跟着众多音乐中的某一首，把我左摇右晃。

我听他的话，又吞下一口酒。为了多少压制住一些这种不安、恐惧的情绪，并且为了能笑着迎接她，我的确需要借助酒精的力量。就像在小炉灶上生火一般，胃里渐渐地暖了起来。震颤耳膜的各种音乐的轰鸣声穿过我的耳朵，然后像一滴浊流般绽开在大脑上。

"怎么样？再嗨一点吧？让大脑彻底失控！"

金发男在我的耳边大叫。我听他的话，让身体僵硬地上下摇晃。这只是单纯的兴奋，感觉很舒服。

不知从何时起，周围的少男少女们开始看我。每一个人都浮现出舒服、柔和的笑容，完全不像可怕的肇事分子。不知这些笑容是真是假，不过它的确使我安心。

"颓废"这个词滑过我的脑海。半夜来到这种场所，还喝酒、跳着难看的舞。父母会怎么想？但是我稍稍有些理解他们为什么会群聚在此地了。

黑暗中，亮起了青白色的闪光灯，猛烈的光线让人晕眩。穿着POLO衫、戴着眼镜的长发少年拿着一个大大的相机，冷冷地笑着。

他应该是高中生。与在场所有人的不良气息相比，他是一副格格不入的宅男模样。

他丝毫不顾我表露出的惊讶，继续在镜头后方按下快门。

"你在拍什么……"

"纪念照。"

少年拍了好几张，他完全没把我的困惑放在心上。

"谢谢。"

少年应该是在对我笑，他歪了歪嘴唇，消失于黑暗之中。

"濑冈，这里！"

远藤在停车场深处粗鲁地叫我，她焦躁地用下巴指了指方向。她那甚至会让人感觉到敌意的态度，一下子勒紧了我有些缓和下来的心。

这时，旁边开过一辆电动车。开车的人脖子上挂着一个相机，就是刚才的那个少年。电动车就这样驶出了酒店，我的灵魂似乎也和相机一起被带走了，心里很不舒服。

我穿过人群，走向地下。虽然人少了一点，但是感觉夜晚的凉意加重了。音乐声也比入口处小了许多。

在停车场深处，有个褐色头发的男人背对着我。他穿着白衬衫和学生裤。相比外面的那些五颜六色的少男少女，他反而显得更另类。我马上就知道了，他就是栋方。

他的手上好像拿着什么东西，正对着墙壁。墙上挂着木质的靶子，上面插着几只粗钉子。我走过去，觉得他手里拿着的东西好像一把大型的枪支，再仔细看，才发现原来是一把弩箭。弓弦响起啪的一声，箭飞出，没有射中靶子，而是弹到了混凝土墙壁上。

他的周围有好几张桌椅，他的朋友们拿着酒瓶和香烟坐着、靠着，用呆呆的眼神追踪着箭。

"欢迎，我正等着你呢。"栋方射击了几次之后开口，"你喜欢这里吗？"

他把手伸向桌子上放着的某样东西，然后拿起放在嘴里，最后点上火。这是一根铁的烟斗，烟斗的一头升起烟，他熟练地吐出嘴里的烟。这里马上弥漫起了烧着干草的味道。

"这是一串红的叶子，没什么大不了的，只会让身体摇摆、眼睛发晕而已。你也试试吧，你以前是棒球部的，应该抽过烟吧？"

栋方叼着烟斗，再一次点了点火。烟草燃烧起来，他吐着烟把烟斗递给我。我接过来，吸了一口。

我被辛辣的烟味呛到了，咳了起来。他和他的朋友之间爆发出了笑声。

"这里不错吧？"

"藤岛在不在这里？"

"藤岛？这里有人叫藤岛吗？"栋方环顾了一圈，耸耸肩，"开个玩笑，别摆出一张臭脸。她随后就到。"

"真的吗？"

"她陷得很深。"

"……"

"很想哭吧？"

靠在椅子上的远藤夸张地笑着，随即她瞪着我："赶快放弃，回去吧！不知天高地厚，真没意思。"

我突然涌起了一股感情，我看着她，或许可以说是瞪着她。

"咦？"

栋方稍稍张开了眼睛。

"我……"

"如果被警告一次就夹着尾巴逃走的话，一开始根本就不会来这里。没错吧？"

远藤把手里的啤酒瓶扔向我。瓶子落在脚边，褐色的碎片在混凝土地上四散。

"我不爽！你这家伙，在学校里只不过是被群殴的对象，凭什么在这里扮嚣张？"

"别说了！"栋方用责备的眼神看着远藤。周围安静了下来，缓和的空气一下子紧张了起来。远藤一副挫败的表情，颤抖地咬着嘴唇低下头，好像被人从头上浇下一盆水一样。

他对着我笑了笑。

"我挺喜欢你这种人的，甚至还会想帮你。今天你是为了她而来的？"

"藤岛果然是你们的一员？"

"一员？一员啊……我不是很喜欢给人定性。"

栋方像是在抑制苦笑，他从鼻子里吐出烟。

"不过藤岛的话，我能肯定地说，她是我们的伙伴。虽然不知道她本人是怎么想的。"

我受到了不小的打击，没想到会听到她有"伙伴"这种说法。她永远是一个人，无法想象她被许多人围绕的样子。

"不过希望你以后别再找她了。"

"为什么？"

"因为……"

栋方把视线投向上空。

"为什么？"

"我并不是在威胁你。"栋方双手抱胸，"你明白启示录吗？"

"我……"

"听好，是暴力，是谁杀了谁，还是谁掐了谁？或是威胁？是这种谣言吧？"

"是的。"

"你不觉得很勇敢？如果真的如谣言所说，我们说不定会成为英雄，或是怪物。"

周围的人发出怪声，还吹着口哨。

一个长发男人说："怪物？被这么称呼真时尚。"

扎脏辫的男人说："好像职业摔跤手。知道'活着的传奇'这个词吗？有个美国职业摔跤手就这么形容自己。"

栋方仿佛是管弦乐队的指挥家，他一边环顾四周一边说："其实正相反，我们缺少了一些什么，非常缺少。我们把在这个世界上生存下去所必需的东西丢在了某处，我们启示录就是这样的团体。是又笨又弱小的一群人，群聚于这里互舔伤口。你只消看一眼就明白了吧？"

我无法作答，只好浮现出暧昧的表情。

"栋方，你这种说法也太过分了吧。""是太过分了。"顿时嘘声四起，也响起了一些听了有趣笑话般的笑声。"的确，我们太弱了。""真想被好好地保护，和老年人一样。"

栋方拍拍手。

"接下去是关于藤岛加奈子，其实我们也并非和那个女人很熟。"

我不禁喊出了声："我无所谓她怎么看我，只是想更了解她一点，为什么就不行呢？"

"我并没有说不行。"

"请你告诉我，为什么她会和你们在一起？她到底想在这里干什么？"

周围响起了一片嘲笑声："真热血啊""加油哦""好恶心"等等。

"她和我们在一起就这么奇怪吗？"

"因为……"

栋方的讲话方式并不盛气凌人，也不咄咄逼人。他很冷静，讲出来的话甚至有些哲学的意味，但是我总觉得在被他威胁。

"如果你想了解那个女人，就必须纠正自己的错误想法。你是不是觉得她鹤立鸡群？觉得她一定有什么特殊的理由？"

我慢慢地点点头。

"你真是个好男人啊。说实话，也很有胆量。"

"……"

"不过很可惜，根本没什么理由，这就是答案。藤岛和我们没什么区别，她也缺少了一些什么，所以她才会来这里，与我们结伴。"

聚集在停车场的热空气不断将山上的冷空气驱逐出去，我不禁喝了一口手上的啤酒。

"你的脸上写着不服气嘛。"

"所以你想让我停止接近她吗？"

"不，你想怎么接近她都可以。这不是忠告也不是威胁，只是我的胡说八道。她缺少的东西很多，比我们都要多。由于她的空洞太深了，周围的人会被她吞噬。你明白我的意思吗?"

我狠狠地摇了摇头，表达自己完全不明白。栋方的这些不得要领的话只让我感到焦躁。

"我还是不明白，怎么可能明白呢!"

"会明白的，也许就在今晚。"栋方的口气像一个闹别扭孩子的父亲，"她什么时候来?"

"马上，你等不及了?"

抱着好几个啤酒瓶出现的，是那个金发男。他的步伐很不稳当，他豪爽地把啤酒塞给大家。他对着我笑，露出自己的金牙，一边塞给我一瓶新的啤酒，可我原本手中的那瓶还没喝完。

栋方高举酒瓶说:"喝吧! 她喜欢能喝的人，你知道吧?"

我环顾四周，一口气吞下手中的酒。

结果，疑问就像泡沫一般，不断膨胀。我为什么会在这里?她为什么要让我来这里? 我咬牙切齿地再喝了一口。如果把这些疑问转化为语言，我想也不会得到什么答案。

也许是酒精的作用，我的后颈部就像灌了铅，又重又烫。比起啤酒，我更想喝水醒酒。至少在她到来之前，我必须保持清醒。

沉默的远藤在桌子上用薄薄的卡片聚拢着一些不知名的白色粉末。

"你在看什么!"

她的眼珠朝上瞪看着我。是因为酒的缘故，还是因为不好意思，她的脸红红的。我觉得自己看到了不该看的事物。栋方说:"你是第一次见到兴奋剂?"

"什么？"

"别那么吃惊，你也试试看吧。"

"我……"

远藤用发红湿润的眼睛看着我。我以为她又要开始骂我，没想到她只是颤抖着嘴唇，什么也没有说。

栋方把手放在她的肩上。

"你很看不起她？"

"没有……"

"我再说一次，你也可以试试。这样也许就能接近藤岛了。"

栋方从口袋里拿出一个小塑料袋，里面装的应该是远藤刚刚吸食过的东西。

"她也吸了不少，这是安非他命的化合物，叫做冰毒。"

栋方把那包东西扔给我，它掉在我的脚边。我畏惧地用手指捏着捡起来，好像它是排泄物一样。

"藤岛也吸这个？"

"我不是说了吗，她比任何人都要弱小，为了填补空洞，需要大量的兴奋剂。"

"不必了，我不是为了吸毒而来的。"

栋方拿着啤酒瓶拍拍手。

"我早就知道了。"

"你要把我从这里赶出去？"

周围的人总是在观察着栋方的脸色，也就是说栋方是老大，只要他一个指示，我不知道会被怎么样。当我察觉到的时候，为时已晚。我忍着在酒精作用下晕乎乎的感觉。

"不，你应该知道，我们是欢迎你的，而且想款待你，藤岛也让我们这么做。"

"藤岛？"

"她说你是重要的宾客，我们为了迎接你，做了不少准备。兴奋剂也一样，我们不会逼着你吸。不过喝酒喝醉和吸食兴奋剂没什么太大区别。"

"不过我还是不能尝试。"

"我明白，所以我为你准备了其他东西，希望你能喜欢。"

"其他东西？"

"你一定会喜欢！一定！"

远藤突然咆哮起来，和刚才的态度截然不同，她对着我笑。周围的人好像在为胜利欢呼一般叫起来。

长发及肩的男人和扎脏辫的突然从椅子上站起来，奔向--辆轿车。

轿车的门打开的同时，响起了一阵短促的悲鸣声，接着变成孩子的哭泣声。长发男和脏辫男拼命拉着车里的人，他们一言不发，终于把他拉下了车。

是谁？被拉下车的少年的脸很凄惨。他眼眶周围发黑，由于出血，额头上有一块痂。

我终于发现他是岛津，而我只是呆站着。

"这个……"

岛津被两个男人抓着领口，皱着脸站了起来。他的脸湿淋淋的，不知道该如何形容才好。

"到底怎么了……"

栋方对着我微笑，那是光洁可爱的美丽笑容。

"你喜欢吗？"

"你把他怎么了？"

栋方拿起桌上的弩箭，把它塞给我。岛津被扔在混凝土的地上，他颤抖着以求救的眼神望向我。

远藤起身拿着桌上的箭走近我，她把脸凑得离我很近，把箭替我装好。

"她很会照顾人吧？"栋方说，"不用担心，岛津的手臂动不了。"

"可是……"

我看着岛津垂下的右手臂，不知是不是骨头断了，肘关节异常红肿。

"这个家伙不是经常打你吗？听说他一直盯着你，撕碎你的鞋子，把你关在屋顶上。"

我继续看着岛津的右手臂，即使骨头没有断，也不可能打棒球了，更别说参加棒球大赛。

我的身体内部开始剧烈疼痛，就像亲身体验了这场凄惨的暴力事件。我曾经练习得喉咙沙哑、汗水结晶成盐、肩膀和腰痛得不得了。我不想输给任何人，我焦虑、烦恼，为此奉献了大量的时间和自己的躯体。如今，所有的努力都成了一场空。我感觉得到他的绝望，我无法呼吸了。

"真阴暗啊，我们已经够无聊的了，这家伙更无聊。尽情发泄你的愤怒吧。"

"岛津……"

即使在昏暗的停车场中，我也能看清岛津恐惧的眼神和湿淋淋的面孔。

有一个人假装举起脚要踢岛津，现在这招对岛津已经足够了。他发出短促的悲鸣，匍匐着想要躲闪。

"啊啊、啊啊！"

岛津发出不成声的悲鸣摔倒在地。周围爆发出嘲笑声。

我不禁背过身去，我不想承认他是和我对峙了多年的男人——尖锐，像蛇一样执着、顽固。我认识的岛津是最顽强的人。

"这是终极礼物，你想瞄准他哪里都可以。"

"什么……"

栋方的话语十分温柔，有着甜美的回响。我看着栋方，他笑得天真无邪。我知道自己的脸上已经没有了表情。

远藤大声笑起来。

"真羡慕！一定会很嗨！"

"这是比任何兴奋剂都好的礼物，是按照你的要求定制、只能给你服用的良剂。"

我摇摇头，好像醉得更厉害了，脑子里像是被塞了棉花，意识模糊起来。

"不行，不可以！"

"你可以不用担心，我们有实力，这种家伙死一个两个根本不会出事。让我们见识见识吧，呆然若失的脸上插着一把箭，应该会像某个部落的装饰品一样吧。难道你不想看看？"

"我做不到。"

"不，你可以的。应该是想做得不得了才对。"

"我……"

"不用顾忌任何人，你才是对的。想想这个畜生都对你干了些什么！"

我俯视他。他十分害怕，每当听到大家的叫声、踏脚的声音，包括酒瓶碎了的声音，他都会蜷缩起身子。

不知道是谁点起了烟火，停车场的一角亮起妖媚的绿色红色。

"救命，救救我，濑冈……"

"你拿刀指着人家，却希望人家来救你；你把屈辱带给人家，却希望人家帮助你。小心点，下次见面的时候，他会从后面刺你的哦，濑冈。"

我举起弩箭，栋方替我说出了沉睡于心底的黑暗情感。我渐渐想起和岛津一同度过的日子，其间一直被黑暗的感情所支配。那并不是同吃一锅饭的充满友情的回忆，而是竞争之后的憎恶、屈辱以及嫉妒之情。

"你现在还觉得他脏吗？"

栋方问岛津，岛津佯装不知。站在一边的长发男搅乱危险的空气，踢了他肚子一脚。

"说话呀！"

岛津蜷缩着身子。

"问你呢，你还觉得他脏吗？回答呀！"

"我……我已经……求求你们了，让我去医院……"

大家好像听到了有趣的笑话一般扭着肚子笑。

"我很讨厌你。"

我把弩箭刈准岛津，他惨叫起来用手护着脸。他不想看到我拿弩箭对准他的样子。我把手指放在扳机上，继续说："我光是看到你就很讨厌，长得这么烦人，一直监视我，散布我的谣言，而自己则充当正义的一方。"

"濑冈……"

"我已经忍到极限了！在屋顶上那次我差点就死了，是你想杀我！真不敢相信！"

"是啊，快把箭射出去！"

一直冷静的栋方突然声调高昂起来。

"别射到我哦！"长发男抓着岛津的领口让他站起来。

呼声四起。不知不觉围观的人数增加了，他们围绕着我们期待事态的发展。每个人都很兴奋，不断发出沉醉的尖叫。

栋方扯开嗓子喊："射呀！把违背我们命令的白痴杀了！成为我们混沌的一员！"

"不要！别射我！"

岛津的周围聚集了几个男男女女，抓着他的手臂和脚。他就像被绑在柱子上的罪人一样，像被僵尸环绕的牺牲者一样。

从车上传来令耳朵发疼的音乐声，以及如同心脏节奏般的低沉嘻哈乐，黑人的说唱仿佛是在念咒语。一时间，这些音乐向受到酒精影响的大脑袭来。

"快射击！藤岛也希望你射击！"

栋方的声音被周围涌起的怒吼与尖叫所吞噬，他们是想夺走我的思考能力，她是这么希望的。

我转过身，把弩箭转向栋方。他们的疯狂一瞬间冻结住了，所有人都惊呆了。

"不准动!"

只有栋方冷静地看着弩箭，明明自己成了靶子。"你在干吗?""别头脑发热!"终于，冻结住的空气回暖，一股怒气向我袭来。我拿着弩箭的双手开始发抖。

栋方把手伸进了裤子口袋里，我不禁重新拿稳弩箭。

"拜托，别动。"

他取出的是一包烟，拿出一支放在嘴里，点上火。我听到弹簧的声音，是谁在扳动弹簧刀。

我只不过是一个平凡的中学生，至少应该与此类血腥风雨无缘。脚上的力量渐渐消失，混凝土地板开始融化，涌上心头的后悔之情灼烧着我的心灵。

栋方吐着烟挠起了头。

"真可惜。"

"让我们走!"

"你差一点就能把空洞填补上了，这正是你缺失的那一块。"

在这种状况下，我竟然被突如其来的困意折腾得睡眼惺忪。我怀疑起自己的身体，只好摇摇头，使劲让自己保持清醒。

"怎么处置这家伙?"

长发男把刀抵在岛津的脖子上。

"住手!"

栋方说："怎么办呢……"

"住手! 我要射击了!"

栋方的嘴巴笑成了一轮弯月，很恐怖，我的胸口感到一阵灼烧般的疼痛。

"没关系，你射吧。你会变成这样，让我很失望，但是也很期待。总之别让我太无聊。"

"你们让开！"我对着抓住岛津四肢的那帮家伙说。长发男放手的同时嘟哝了一句。

"开什么玩笑，你已经离死不远了。"

我只听清了这句，其他人也嘶喊着，但是我听不清。是诅咒或威胁吧。脚边的岛津用哭诉的眼神看着我。我真是个任性的家伙。我害怕得牙齿都在打哆嗦，和岛津一样，我也很想哭。

"能走吗？"

"啊，啊啊。"

岛津像断了线的人偶一样不断点头。我一手拿着弩箭，一手抓住岛津的肩膀。

我被无数仇恨并带有杀意的眼神死死盯着，他们夺去了我小小的理智。

我想问她，为什么会让我来这里？真的是想让我杀了岛津吗？还是想让我无法变回原本的我？

我无法回应她的期待，她一定会失望吧。她也会像这里的所有人那样对我表露出敌意吗？

"不过，我觉得自己没错。"

心中的她回答我。我看着慢慢站立起来的岛津，用弩箭拨开人群。

"让开！"

我一边跑一边想，连这里是哪里都不知道，根本不可能跑得掉。我拼命压制住绝望的心情。

当我跑起来的刹那，突然天旋地转起来。类似于晃动脑袋的疼痛感传至下巴与手肘。然后，我竟然伏在了地上，并不是被谁打了。

我知道自己的脸贴着地板，所以很震惊。指尖在不断颤抖，我听到周围传来的尖叫声。我倒下的时候，箭从弓弦中射出。我使劲撬开好像灌了铅的眼皮，失望地看着没有箭的弩。

"濑冈！"

岛津在我的头顶上喊我。我用手撑住地板想站起来，却又跌倒了。脚好像完全软掉了，根本使不上劲。停车场内响起一阵爆笑。我好像一个没有灵魂的傀儡，这到底是怎么了？我连吃惊的情绪都消失了，脑子完全无法思考。

"快！你在干什么呢？"

岛津拉了几次我的手，他力气很大，一点点拖动着我的身体。不久我发现有几只脚在向我靠近，然后就看到岛津尖叫着逃跑的样子。我只能感受到混凝土的寒冷。

当我抬头看的时候，栋方就在我旁边，依旧浮现着那令人毛骨悚然的笑容。栋方问金发男："放了多少？"

"兴奋剂和催眠药都放了一点。啤酒的味道变得怪怪的，我还一直担心会不会败露呢。"

栋方俯视着我。

"怎么样？很有意思吧？"

"……我会死吗？"

"你怎么认为？"

"藤岛……"

不知何时起她出现了。

她穿着褐色外套和黑色裤子，站在一旁。即使在如此绝望的处境中，我还是一边和黑暗做着斗争一边看得入迷，真好看。大人的身姿和成熟的一面很适合她。

我已经连声音都发不出了。我向她伸出手，想问她我到底哪里做错了，为什么偏偏是我。

她的脸上没有一丝表情，缄口沉默着。

"我……"

我看到的会不会是幻影呢？我希望是幻影。如果真的是她，一定会救我……她宝石般的瞳孔发出琥珀色的光辉，幻影应该不会如此美丽。

在嘈杂的音乐声中响起了电话铃声。栋方在我的头顶上说着话，其间我一直注视着她。不管会发生什么都无所谓，但是我希望……

"……哦，我知道了。"

电话合起来的声响和栋方的声音同时传来。

"藤岛，你赢了。'赵'喜欢这家伙，我真不明白他的趣向。"

"是吗？"

我终于听到了期盼已久的她的声音。求你了，让我……

"我还以为他不会喜欢。"

"这算不算是慧眼？我始终赢不了你。"

他们到底在说什么？我继续注视着她。求你了，让我……

我的脑子里好像被灌上了煤焦油，她自始至终都没有任何表情。

14

藤岛害怕他们的身影，加奈子的微笑不断撞击着他的胸口，他偷偷地睡着了。不知不觉太阳升起了，他在炎热的车内醒来。头上的绷带因吸收了汗水而变得沉重，他发动引擎，用冷气使车内降温。简直就像前一天晚上喝多了一样，有种宿醉的感觉。

穿过烫得像油锅一样的柏油路，他在人多的厕所单间里吐了好几次。他发现这是轻度的脱水症状，于是一口气喝了三瓶水。在车里换了衬衫，用电动剃须刀剃了胡子，才终于摆脱无家可归之人的模样。不过脸颊还是浮肿，脸色发黑。

他很想吐，于是在车里横卧下来。他静静地看着太阳高高地升起。广播的整点报时说现在已经是 11 点整了，他感觉脸上和头上异常的烫，而脖子以下却阵阵发冷。

加奈子在催促。于是他打开手套箱，拉开男士手包的拉链，把里面的所有东西都倒在副驾驶的座椅上。

他很清楚瘾君子的下场。用身体抵债、千金散去、妻离子散。藤岛已经是兴奋剂的俘虏了。说不定将来自己会陷得很深，不过现在不是担心这个的时候。

当第三个包装抽完的时候，刚才仿佛深陷于沼泽中的四肢开始恢复力量，脑子也清醒起来。原来刚才的一切都是幻觉。他知道，过不了多久，自己又会陷入另一个沼泽。

元气已经恢复了，他开始变得坐立不安。至今为止的疲劳与痛苦都回忆不起来了。他从汗津津的座椅上起身，仿佛从坟墓中获得重生一般。不得不感谢她的礼物。他把车驶入停车场，太阳与柏油路把自己夹成一个热三明治，皮肤被炙烤的感觉也并不差。

他带着想吼出来的冲动进入厕所，洗了把脸。一定能够见到加奈子，毫无理由的自信不断涌出，他对着镜中的自己笑了笑。

从岩槻出口下高速，往调查书上写着的小山顺平的家前进，有好几次都差点追尾了。小山顺平的家和案发便利店离得很近。每次看到红灯他都很急躁。经过便利店的时候发现，整片土地还在用蓝色的塑料布铺着，自案发以来才过了一个多星期而已，但是却飘浮着一种恍若隔世的空虚感。

他才发现自己已经停下了车。眼前耸立着一栋比较大的木造房屋，围墙中的草木被精心修剪过。他用手指按响了门铃，门柱上没有写门牌，玄关上贴着一张居丧期间的纸。没有人来开门，他感到强烈的焦躁。这家的两个停车库中都没有停着车。

调查书上有浅井手写的电话号码。他打开手机电源，按下通话键。小山的家中传来电话铃声，没有人接听。庭院中有排列整齐的盆栽，还有结着青柿子的柿子树。门口还残留着烧香的味道、葬礼使用的菊花花瓣，以及列席者的脚印。用手碰了一下挂着厚厚的窗帘的窗户，发现上着锁，他感到很失落。

玄关外有一辆山地车，还有一辆积着几个月灰尘的黑色电动摩托车。藤岛注视着摩托车，翻起裤子口袋来。那是一把长野给自己的钥匙，他把钥匙插入锁孔，过程十分顺畅。转动一下就解锁了，马上响起了引擎的声音。他只是听着声音，并没有发动引擎。

拔出钥匙，他开始思考这意味着什么。他把钥匙插入座椅底下的锁孔，打开存放头盔的储物箱。在圆形的空间中没有头盔，只有一个 A4 大小的信封。

还挺厚的，他没有看里面，而是紧紧地抓住，走过庭院，越过手风琴式的铁栏杆，往车的方向跑去。他感到肾上腺素就快从嘴里溢出的那种得意感。

速度从 50 码提高到 60 码，然后一脚踩下油门急刹车。轮胎发出难听的声音，从全开的窗口闻到烧焦的橡胶味。他追问自己到底在干什么。他慢悠悠地往 16 号国道进发，在高架的顶上能看到延伸至地平线的车子排成的长龙。关上窗，他发出吼叫："快点！快点！"他不断回头，确认他们有没有在跟踪自己。紧贴着自己的，是一辆发出空响的大排量发动机。发动机的威力很大，压抑着他，好像都快把神经给吞噬了。

他打开驾驶座的门，将仿制刀拔出鞘，然后走到发出空响的车前，把刀对准车里的人。车里的中年男女露出吃惊的表情，不断地低头道歉。然后这辆车乖乖地保持着车距，在下一个路口逃也似的右拐走了。自己的行为并没有什么意思，虽然感到羞耻和自责，不过更多的感觉是爽快。

到了市内，他在大宫站的屋顶停车场停下车。

在蓝天的包裹之下，他打开副驾驶座上的信封。里面是一些光滑的相纸，每一张都有 A4 那么大。都是在狭小的室内拍的彩色照片，大概是在房顶装了相机，从上往下拍摄的。没有抖，不过阴影很重，勉强才能看清人物。

他不断翻着照片，每一张拍的都是男女之事。男人的年龄一般比较大，壮年、老年。他们怀里的都是可以做自己女儿、孙女的少女，甚至可以说是幼女。终于发现了她，橘色头发的长野被一个胖而结实的中年男人按倒……

他看完所有的照片之后闭上眼睛，回想着照片中的房间。奶油色的墙纸、床、床头柜，还有简朴的椅子和桌子。应该是典型的商务酒店，但不知道具体是哪家酒店。他把照片装回信封，将整瓶水从头上浇下来。

从屋顶停车场到报摊的这段路，他不断回头确认后方情况。并没有人跟踪他。在人群中，他发现自己一直在嘟囔着什么，还发现了带着些恐惧的冷漠视线。一开始行走的速度很慢，当回到车站附近的时候，已经变成了小跑。他渴得不得了，但是一点也不想喝啤酒。他买了许多矿泉水，一只手提袋子，一只手打开手机。一共有 20 个未接来电，他拨起了号码。

"我是浅井。"

"你在哪里？"

"我现在……"

"我在老地方餐厅等你，30 分钟后见。"

"等一下！"

他挂断了电话，血液沸腾。上午的难受像假的一样，他现在神清气爽，既不害怕也不担心。他走出大宫站的西口，和松下、长野也是在这附近见面的。他一下子抓住走在前方的长野的手腕。她胆怯地回过头来。

"干、干什么？"

这场景好像是一名红色头发的少女碰上了变态。她很像长野，却不是本人。他很失望，随即涌起一股愤怒。

他猛地放开少女的手臂。坐上卡罗拉，前往大成町的餐厅。打电话给浅井之后，已经过去35分钟了。他一边开车一边拨起电话。

"你站在店外面等我，我马上到，上我的车。"

挂断电话，他把手机扔在副驾驶座上，无视电话的来电震动。来到餐厅前，浅井上了车。

他把收音机的音量调低，双方都不发一言。路过宫原站，驶上双向六车道的新大宫辅道在立体交叉处右转，进入食品贩卖市场与蔬果市场的商铺区。他不断地观察后视镜，确认有没有人在跟踪。在没什么人的水产市场附近停下车，稍稍打开窗，飘来一股带着腥气的潮湿气味。藤岛把事先藏在座椅间的弹簧刀拿出来，抵住前下属的脖子。

"什么意思？"

"你看！这是谁？"

藤岛打开手套箱，拿出照片递给浅井，指着长野身上的眼镜男。浅井将视线投向照片，他的表情没有发生变化，但是脸颊泛起了红晕。浅井用手捂住嘴，目不转睛地看着。

"这是……"

"这是谁？我总觉得在哪里见过。"

浅井专心致志地思考着，同时不停地点头。

"喂！"

"应该是野田。"

"野田？"

"很像野田一政。"

藤岛把照片抢过来，又看了一遍。厚实的皮肤和粗壮的手臂，将娇小的长野的身体完全遮住。藤岛将这个男人的脸与满大街贴着的海报作了对比。野田是浦和地区的市议会议员，藤岛知道的仅此而已。

"是这个家伙让他们这么做的吗？"

"不知道，野田原本是民事诉讼律师，我不觉得他会有县级警察的关系。"

"到底是谁让他们这么做的？"

"还有其他照片吗？"

藤岛把信封丢给浅井。浅井兴奋地接住，立刻抽出照片。浅井抱着厚厚的一叠照片，一边默默地擦着汗，一边仔细地观察每一张。终于他将头抬起凝视上空，然后把一张照片递给藤岛。是一个脊椎突起的老人。他白发稀薄，甚至能看见头皮，这个老人尽显着自己丑陋的一面，尽管照片上只有一个侧脸。

"是谁？"

"柿崎，柿崎武典，市工商会议所的副会长，同时也是与野工业公司的社长。"

藤岛将视线移回照片，脸部不由得扭曲了起来，好像看了会让人不舒服的下流嗜好的艺术品一样。

"你确定吗？"

"不敢百分之百肯定。"

接着浅井递过来的照片是一个穿着水手服的中年男人。那副样子很滑稽，不过藤岛却笑不出来。从照片上能看到他稀薄的头发和侧脸。

"没认出来？"

藤岛摇摇头。

"春日警局的三浦警官，是负责事务那块的。"

"春日警局的三浦……"

藤岛突然脑袋很热，明明身上充满力量，但脱水症状还在持续着。开始发烧的脑袋会让人看见幻觉。

"为什么？"

藤岛一口气喝完一小瓶水，然后打了个很不雅的嗝。

"为什么？我只是在寻找失踪的女儿，根本不想揭露这些变态的秘密！"

"能够让这么多的人勾结在一起，背后一定有个大人物。"

"是不是石丸组？"

"如果说有部分警察被他们买通，也不奇怪。"

藤岛叹了一口长长的气，用手擦了擦脸上泛出的油光。他对着站在侧窗旁的加奈子说，你这个笨蛋。

在背后操控的也许是石丸组，也许是别人。幕后的那个人控制着启示录、加奈子，引诱少男少女吸毒。他们的买卖应该做得很成功，甚至把野田、柿崎也给牵扯进去了。

但是藤岛无法相信，因为毕竟还有一层风险。参与运营的相关人士，在当今一定会被处以重刑。客人也逃不掉，即使不用蹲监狱，也将完全无法立足于社会。

不，看看这一张张满足的脸，应该重新考虑一下他们的结局。他们竟然明知故犯！正因为有一条名为不道德的大河，彼岸的乐园才更显得美丽、散发出芳香。所以他们才会那么大胆，即使连续夺走几条人命，也要隐藏这个秘密。即使这个愚蠢的行为和为了调水彩颜料而把水桶里带色的水全部倒出一样。

你这个笨蛋。藤岛又嘟哝了一句。他开始整理思绪，先从照片中的情报下手。

首先，为什么会存在这样的照片？说不定是纪念照。为了今后回味？不可能。照片也许才是幕后黑手的真正目的吧？想要控制这些大人物，唯有此途径。

拍照的人是不是遇害的小山？他的确很合适。加奈子偷了这些，也可能是让小山偷的。然后你打算怎么做？藤岛问一旁的加奈子：你以为装傻行得通吗？不出意外，小山没能骗过那些人，他没有逃掉。

女儿失踪了，也许是……藤岛不禁这么想。和便利店的杀戮不同，也许她被某些人秘密地绑架了，然后埋在了山中。他们还在不断清除障碍，不断泼洒带色的水。他们的做法显然有违常规。长野是不是他们密谋的同党呢？不可能，他想起由于恐惧而蜷缩着身体的长野。她应该什么都不知情，只是一味地被利用。

"这些照片打算怎么办？这样下去你会……"

"我知道。"

"那么……"

"我是不会给你们的！"

"想要这些照片的，不仅是我们盯着的那些家伙，也许还有石丸组，以及那些被控制的少年们。"

"闭嘴！"

"请把照片给我。只要能回收这些照片，就能最大限度地减轻县级警察的名誉受损问题。反过来说，正因为有这些照片，县级警察才不会崩坏。"

浅井的眼睛里，放射出从未有过的光芒。

"我才不管你们的面子呢！"

"股长……"

"不给你们，这是我的王牌！"

"您的女儿怎么办？"

"闭嘴，别废话！"

"他们正在追踪您女儿的行踪，一定是想堵上她的嘴。"

"不知道她是死是活……"

"这些照片就是她活着的证据啊！难道不是吗？"

浅井想同藤岛交涉，如果藤岛拒绝的话，就打算立刻逮捕他。浅井回过头，确认有没有人在后面监视。没发现什么特别的状况。县级警察已经对能否解决事件无所谓了，他们只求明哲保身。这种丑闻至少会被传个 10 年。他们为了避免这种情况的发生，正在尽自己的全力。从这一点上看，他们一定会拼命保护加奈子的吧。加奈子会不会原谅自己呢？会不会感谢整日奔波的自己呢？会不会帮助自己与桐子和好如初呢？会不会尊敬这个父亲呢？

一旁的加奈子好像看透了藤岛的心，嘴角露出一丝嘲笑。藤岛感觉脸上发烧似的烫。

"不管怎样，我不打算交给你们。照片是属于我的，全部。怎么可能让给你们呢！"

浅井用冰冷的眼神看着藤岛，右手慢慢伸进西装内侧。

"不许动！"

藤岛握着弹簧刀，身体越过手刹车。右手上的刀抵住了浅井的心脏部位。浅井没有抵抗，只是从喉咙里发出了些声音。冷气吹在背部，流出汗变得凉凉的。藤岛用左手翻开浅井的西装，看见左腰腹处有一把手枪插在枪套中。藤岛握住把柄，拔出枪。

那并不是一把左轮手枪，这玩意儿出奇地重。把柄上脏兮兮的，还带有几道裂痕。套筒侧面刻着"科尔特"的字样。至少这不是警察的手枪，藤岛笑了。

"你还真会演戏啊，浅井。看来你一开始就打算让我来解决这次的案件吧。"

手枪发出暗淡又凶险的光芒。藤岛把枪和刀对着浅井，慢慢地跨过手刹车，坐回驾驶座。

藤岛觉得自己好像在赶赴战场。他在车里不断地强化武装：后排座椅上有仿制刀，还有好几把刀藏在各处，连让精神振奋的药品都准备充足。藤岛想，也许自己会杀人，他有这种可怕的预感。当他得知所有真相的时候，他不相信自己不会扣动扳机。他忘记将子弹装入弹夹了，他压下保险杆，拉动套筒。

"他们是谁?"

"我不能说。"

看得出浅井很害怕，不过他依旧顽固。

"下车!"

钢铁和机油的味道充斥着鼻子，拿着手枪的手开始酸了起来。

"请听从我们的指示! 不然您女儿的命……"

"怎么可能让你们这帮家伙插手!"

视野突然变暗，藤岛感到一阵怒火。他撞向浅井的肩头，把浅井推出车外。40 摄氏度的热气进入车内，门还没关上，藤岛就放开刹车，踩下油门。沙尘充满车内，藤岛被呛了一下。

驶上 17 号国道，往北开，到上尾市的中心地带后左转。藤岛开始坐立不安，他拼命地抖着腿，听到广播里的音乐也感到火大。路上很空，为了不超速，他费了很大劲。在荒川的河槽用地上停下车，能看见一旁的本田机场的空地，远处展开的是蓝绿色田地，一派田园风光。

藤岛拿起副驾驶座上的手枪，从把手中拿出弹夹，将金色的子弹装入其中。

他登上山丘上的寺庙，没有人，只能听见蝉鸣。偏离石阶，拨开草丛，置身于树木之中。头上飞过一架塞斯纳①，蝉鸣声与螺

---

① Cessna，塞斯纳飞机公司成立于 1927 年，是世界上设计与制造轻型、中型商务飞机、涡轮螺旋桨飞机，以及单发活塞式发动机飞机的主要厂商。

旋桨声混在一起，不断压向他。

　　趁着轰鸣声还没消散，他举起手中的枪朝着天空，扣动扳机。爆发音让他感到晕眩，握着枪的手被反弹了一下。随着金色的弹壳描绘出的一道抛物线，树叶和木屑缓缓掉落。藤岛闻着火药味、看着白烟，好像被迷住了似的，再次扣动扳机。

三年前　7

意识忽有忽无，什么思考能力也没有，什么也感觉不到。

像章鱼似的软绵绵的手脚与扭曲的视野，很想吐却又有强烈的睡意。这时有个人将我成为软体动物的四肢提了起来。

没有愤怒也没有哀伤，什么也感觉不到，好像连心灵都被打了麻药。

车门被猛地关上了，我听到火药炸开了似的声响。从泥潭中回归清醒的同时，我感到十分难受。

我必须要逃走，虽然明白，可下不了决心。

她在一片漆黑中等着我，她终于握住了我的手。她的另一只手上，拿着弩箭，她把弩对准自己的胸口。

"射击。"

我想反抗，可是手指却被迫按下了扳机。飞向残像的箭，不知为何射中了我。

一点也不痛，却很悲伤。

我终于清醒了。有人给我拿来了塑料袋，我吐得稀里哗啦。

我的思维依然迟缓，才发现，我正在被运往某处。我会不会被他们杀死？

"谁来救救我……"

我像在读生硬的台词一般呢喃。金发男很兴奋。

"我为你特制了一杯鸡尾酒，总之加了很多东西哦！里面有让人一会儿低落一会儿兴奋的冰毒，整个人像陷在泥潭中一样。很不错吧，这种快要融化的感觉？"

我所看见的是梦境还是现实？我是不是还在车上？车开了

多远？

　　车终于停下，我听到车门开的声音，皮肤能感觉到冷气袭来。希望这只是一场梦……

　　我被打了好几个巴掌。

　　"走吧。"

　　金发男的语调很温柔。求你马上让我见她，她一定在等我……

　　我被抓住肩膀抬了起来。能闻到食物、尾气与街道的味道。

　　"当、当"，这是铁质台阶的声音。我觉得自己好像在天上飞，而且风越来越大。我必须从这里逃出去，可是手臂却完全动弹不得。

　　响起了铁门打开的沉重声响后，风停了，街道的感觉消失了，这里变得很安静。刚才的"当当"声变成了鞋子踩在地毯上的声音。我进入了某间房间，空调发出低低的声响。这间房间散发出一股霉味，我的头撞到墙上，呻吟了几声。

　　我整个人被扔出，一下子落在了地板上。不过按触感来说，这么柔软，应该不是地板，是床。

　　我嘴里被塞进一块毛巾，而且抵到喉咙，我因呼吸不畅而咳了好几下。

　　"我说过的吧，这一定会成为一个难忘的夜晚。"

　　这是金发男的声音。

　　房间里的人都走光了，由于双手被固定在身后，所以肩膀很痛。在安静的室内，我甚至分不清自己是醒着还是睡了。就这样，时间暧昧地流逝。

我感到有一具爬动的身体，我的身体僵硬了起来。

我想大声呼救，于是用舌头推着毛巾，还拼命想解开手脚的捆绑。我感到身体即将毁灭的惊讶与恐惧。

我看见一个男人，昏暗的灯光使我看不清男人的长相，只能隐约看见他的脸有些胖，梳了个大背头。从脸上的皱纹可知，他应该是个老年人。

我努力撬开沉重的眼睑，尽量睁大。

我使劲全力想挣开束缚。肩膀和肘关节很痛，我只觉得这是场噩梦。因为我被他们下了药，所以现在只是在做一场噩梦而已。应该是这样的吧？有没有人能告诉我这一切只是一场梦！救命，藤岛……

突然，房里闪烁起白色的灯光。

"拍下来。"男人说。我感到这个房里还有一个人，那个人用脚踩着床。我听到什么机器转动的声音，白色的闪光在我眼前爆炸。强烈的闪光灯，射入我紧闭的双眼。

我听到照相机的快门声，每当青白色的光线亮起，我的意识都会模糊。

15

傍晚，时钟指向 6 点半。

积雨云覆盖住整个市区，天空被封锁在黑暗中。随着震动般的响声，大滴的雨落在卡罗拉的顶上。透过玻璃窗看出去的视野模糊，街上的路灯和霓虹在不停闪烁。白色的闪电过后，响起像撕破纸般的雷鸣声。

藤岛闭上眼，想让身体休息一下，冷静一下。但是他却很在意闪电，很在意水滴声。他复诵着远处站台的广播。新都心站附近的杂居楼，二楼的灯光消失后，又过了很长时间。藤岛用毛巾擦了擦背部的汗水。

七点多了，他看到杂居楼底出现好几把雨伞。几个女人躲在伞下快速地往车站方向走去，他再次抬头望向二楼的辻村神经科的窗户。从卡罗拉下车，肩膀与头发马上就被淋湿了。

他静静地走上杂居楼，站在已经过了门诊时间的辻村神经科的门口。玻璃门的内侧挂着淡蓝色的窗帘，他把手伸向不锈钢的门把手。门没有上锁，他悄无声息地打开门，撩开窗帘进入室内。

他穿过昏暗的休息室，前台没有人，诊疗室的光线从百叶窗的缝隙中透出来。他悄悄地接近，能感觉到里面有人。他毫不犹豫地打开磨砂玻璃门，坐在黑色真皮椅子上穿着POLO衫的辻村吃惊地瞪大眼睛，身体向后一仰，手中的钢笔掉落在地上。

"你……"

辻村张口结舌，抓住从鼻子上滑下来的眼镜框架。

"你真大意，明明整天在和人的心灵打交道。"

藤岛本不打算带着感情说话，可还是忍不住嘲笑了辻村一句。辻村苍白的脸色渐渐泛起红晕，他想找回自己傲慢的本性。

"你到底想怎样？"

"医生大人，还记得鄙人吗？"

藤岛拿起钢笔盖。辻村有些畏惧地看着头上包着绷带的藤岛。

"假警察，找我什么事？"

"我还是没找到女儿。"

"我已经说过了，不会告诉你任何事。"

"警察应该已经来过这里了。"

辻村抓起电话听筒。

"是啊，来过了，你满意了吧？"

"你是怎么回答的？"藤岛不禁张开嘴唇，有一种无法言喻的奇妙感觉油然而生，他露出了白色的牙齿，"你是怎么回答的？"

辻村的脸部发僵。

"你是喝过酒……不，是吃过什么药了吗？"辻村一边瞄着桌子角落里的名片，一边用左手按起电话按钮，"我要叫警察了，你神志不清醒。"

"随便你。"

藤岛继续安静地笑着。辻村面无表情地看着他，稍微退后了一些，紧张地看着电话机。

"请问是警局吗？我是……"

藤岛故意大声说："你喜欢风俗店吗？"

辻村紧锁眉头，眯起眼睛注视着藤岛。瞬间他结巴了起来。

"啊，喂？我、我是……"

"你喜欢小麦色的皮肤吗？还是喜欢看上去笨笨的姑娘？"

辻村恍惚地张开嘴，瞳孔像死人的一般，握着听筒的手渐渐落下。藤岛打开信封，抽出照片。

是一张从床向天花板拍摄的照片，能看见男人的脖子、侧脸和粗框眼镜。藤岛看着他的反应，确定了就是他。

"喂，喂喂。"

话筒里传来女接线员的声音。辻村凝视着照片，藤岛压了一下手掌，示意让辻村挂断电话。辻村耸了耸肩，挂下电话。

"你想说这个人是我？"

"你是受我女儿邀请的吗？"

"不知道，完全听不懂你在说什么。"

藤岛感到呼吸困难，滑稽感消失了，太阳穴开始阵阵疼痛，一股怒气涌上心头。

"你明白自己在说什么吗？"

藤岛笑着走近了一步。

"别过来！"

藤岛拔出插在腰间的手枪，将手指放在扳机上。辻村的脸色变了，他全身僵硬地后退，背靠在诊疗室的墙壁上。仅仅如此还不够。

"这把是真枪吗？"

藤岛一把抓住辻村的头发，将他拽倒在地上。辻村大呼住手。

没有任何预告，枪塞入了辻村的口中。辻村紧闭双眼，眼角流出泪水。

"回答！"

辻村含着枪，不停点头。

"你是被加奈子邀请去的吧？"

藤岛拔出枪，辻村终于捂住嘴巴，有些厌烦地点点头。

"这张照片里的人是你吧？"

藤岛抖了抖照片给辻村看，辻村接着点头。汗水和眼泪使他的眼镜起了层雾。

"从什么时候开始？"

"很多年以前……细节我已经记不清了！"

"是我女儿邀请你的？"

"她原本是个很有自制力的姑娘，又聪明又坚强。"

"然后呢？"

"她把自己的事业告诉了我。"

"事业？"

"她称之为社团。她告诉我，自己有赞助商，把甄选出来的女性介绍给甄选出来的对象。于是我问她，你是想成为皮条客吗？她只是笑笑……就是这样。"

"你相信她的话吗？"

辻村摇着黑黑的脑袋。

"我只把这些话当成少女常有的妄想症。"

"那么照片是怎么回事？"

藤岛挥挥照片，辻村歪着屈辱的脸。

"后来，我参加某个医生的聚会。在那里，有名医生把一个男人介绍给我，那个男人怎么看都不像医生，是个体格健硕的老年人。那个老年人对着纳闷的我说出了你女儿的名字，说明你女儿的话都是真的。"

"那个人是谁？"

"是个名叫赵义哲的企业家。"

"企业家？"

"他说自己是开柏青哥和酒店的，还有好几家餐馆。我只见过他一次，但是很在意，所以私底下调查了一下。他的确在大宫和春日部有柏青哥店，在埼京线的沿线上有酒店。"

"你找人调查的？是信用调查所吗？"

藤岛轻蔑地笑了笑。

"也就是说，你也想去试试？回答！相信我女儿的话了吧？"

"是的，如果被骗的话，我也做好了放弃的准备，但是……"

辻村躲开自己的视线，点了点头。藤岛想，加奈子一定早就察觉到了——辻村为加奈子诊断的同时，用色眯眯的眼神看着她。所以加奈子才会告诉辻村，并且邀请他。辻村恐惧地继续说着。

"他是大宫中心酒店的老板，我到了那里，被带进一间房间。那是一个很破的酒店，但是每个姑娘都又年轻又漂亮。你的女儿接待了我，她是那群姑娘的总管。"

"你和加奈子上床了吗？"

"没有！绝对没有，我连一根寒毛都没碰过她！"

"回答！她到底想干吗？她为什么要这样做？她的目的何在？"

"我、我不知道。"

藤岛拉动套筒，枪发出了一声夸张的金属声。

"住手！住手！求求你，别开枪！我也有家人，求你了！"

藤岛发现，自己的愤怒源自嫉妒。他一想到，比起作为加奈子父亲的自己，眼前这个男人更了解女儿，就难以自控。

"我真的不知道，对她而言，我只不过是个凯子罢了。"

藤岛感到呼吸困难，扣着扳机的指关节渐渐发白。

"我知道了，我知道了！把枪放下，求你了！"

藤岛手腕僵硬，需要很大的力量才能放下枪。辻村的嘴里嘟囔着祈祷般的话语。

"求你了，答应我别杀我。我有一个刚刚初中毕业的女儿，还有一个在上小学的儿子。"

"快点说！"

"你、你一定会发怒的。"

"别开玩笑了！"

辻村的嘴唇哆嗦着，犹豫着开了口。

"她的性格很强，不过有一段时间烦恼于强迫性神经症。"

"你说什么？"

"那是一种自卑感，对特定的人物感到害怕、敌对。她的情况是对一定的年龄层有这个倾向。对于比自己年长的人，也就是母亲、父亲、老师甚至是我，毫无理由地感到厌恶。在诊疗期间，她经常会显露自己感性的一面——惊慌失措、恶言相对，有时还会哭。"

"那是怎么回事？"

"我也并不确定，这、这不过是我的分析而已。她说自己无法分清是梦境还是现实。"

"你在说什么？"

"你有一次喝醉了，对她施加了暴行。是在她初中二年级的时候，那次对她造成了严重的精神伤害……"

"你说什么？"

"你忘了刚才的那些话吧！什么都没有发生过！"

"我……对加奈子？"

好像脑部被钝器重击过似的，藤岛陷入无尽的黑暗之中，甚至感觉脚都站不稳了。

"你说我对自己的女儿干了什么？"

藤岛的心中渐渐升起了怒火，好像听了个无法一笑而过的恶性笑话一般。

"说！你说我对她干了什么？快说！"

"不要这样！我什么都没说！你也什么都没做！"

"你不说的话，我就开枪了！"

辻村一边惊叫一边推开抵在后脑勺的手枪，他突然态度大变，对着藤岛吼起来："四年前的夏天！在入夏之前，你对熟睡的她下了手！"

"四年前的夏天……"

藤岛挖掘出当时的记忆。当时自己是大宫署的刑警，刚刚升职为股长，手头有好几个案子，基本每个星期只回家一两次。每当有新案件发生，总是在警察局里住个十来天，一回家，桐子就不给自己好脸色。所以他总是喝得酩酊大醉才回家，在家里的记忆也很模糊。他只记得桐子经常不在家，伴着难以忍耐的怒火，他一边喝酒，一边砸东西。那一天，家里只有加奈子一个人。

"我认为她说的话都是真的，你的女儿在不断地寻找克服方法。直到她开始参与这个活动，才终于发现了能够支配你们这种年龄人的方法——拥有一批年轻的姑娘。然后她中和憎恨与恐惧的感情，维持住自我。"

"我……没有那么做。"藤岛的语调变成了哀求，"你说的都是骗人的！"

"都是听她说的，我不知道是真是假！"

藤岛不想明白。不过如果她说的都是真的，事到如今藤岛终于明白是什么在迫使女儿这么做，也能理解她的放纵了。

加奈子用兴奋剂作诱饵，邀请了大量的少女。把少男们当作靠山，来威胁她们。那个叫做"赵"的男人是在哪里认识的？管理欲望的人们，并且嘲笑他们，就能从憎恨与恐惧中逃脱吗？结果还是没能逃过。

"为什么？为什么加奈子没把我给杀了？"

藤岛怀着这个疑问，用袖子擦了擦泪水。如果让她变成这样的理由在于自己，那么她一定无法原谅自己。

"我怎么知道！"

"她为什么没有报复我？你一定问过她！加奈子是怎么回答的？"

无论是何种形式，藤岛都希望加奈子能理睬自己。

"我不知道！"

"我连报复的价值都没有吗？"

藤岛感到十分孤独，他把手枪对准辻村的眉间。

"我已经全部都告诉你了！说、说好了不杀我的！"

真想杀了眼前的这个男人，想让他保守这些秘密。如果能借此洗清自己的罪过就好了。

如果是为了加奈子，藤岛什么都愿意做，或者说赎罪才对。藤岛视野里浮现出被杀害的三个人的样子，他看见流着眼泪断气的长野的脸庞。

藤岛用枪柄向跪着的辻村的脸颊打去，他整个人跌倒在地。房里顿时安静了下来，只能听见雨声。

藤岛夺门而出，穿过没有人的休息室，迅速下了楼。外面下着滂沱大雨，这场雨的目的似乎是为了把藤岛淋成落汤鸡。藤岛在豪雨中奔向卡罗拉，钻入车内。他连周遭的情况都没有确认，就急忙踩下油门。超车灯、长长的喇叭声。车子绕过剧场，来到没有人的高楼之间。藤岛停下车，双手掩面而泣。

16

胸口的手机开始震动，藤岛没有看号码，直接接了起来。

"谁?"

"是我。"

"加奈子……我们的女儿，回来了吗?"

"没有。"

"联络呢?"

"……也没有。"

"线索呢?"

"别问这种居心不良的问题了，我什么消息都没有，你也猜
到了吧?"

"谁知道呢。"

"警察来过我家了，追根究底地问加奈子和你的情况。他们
想搜查，结果我爸爸把他们赶走了。绝对不能让他们搜，已经一
团糟了。"

"对不起。"

"道个歉就完了?"

"什么意思?"

"加奈子的房里有鞋印和血迹。"

"……"

"到底发生了些什么?"

"什么都没发生,你离家出走之后,我很生气而已。"

"为什么?"

"什么意思?"

"听说加奈子的朋友被杀了,而且是你发现的。"

"那又怎样?"

"到底发生了什么?"

"侦探游戏已经结束了。"

"……为什么?"

"我已经受够了!这十天以来,你知道我见了多少尸体吗?我已经不想再被怀疑了。"

"那么,我们女儿怎么办?谁能够找到她?"

"你不是已经让警察找了吗?那么就只能拜托警察了。"

"是你说警察不可靠的,现在你怎么这么说?"

"是我没用,我承认。我拼命地找了,却没找到什么有用的线索。"

"骗人!"

"谁骗你了!"

"你……你对我也做出那种事,到底是为什么!"

"随你怎么想。"

"我真不应该相信你,明明知道你是怎样的人,我真蠢……"

电话被挂断的同时，藤岛感到席卷全身的冷清寂寥，这下总算结束了。

同时，藤岛感到一阵不知缘由的闹心，耳边响起一阵轰鸣，胸口像炸开一般地疼痛。桐子难道已经知道了吗？藤岛将手伸向手机，按了几个按钮后便打消了这个念头。

她刚才是这么说的？你对我也做出那种事，对我也……

不会吧，不可能！藤岛的手不住地颤抖，他希望这一切只是一场误会。身体的力量被抽空了，无法忍受的耻辱感向他袭来。

"我只是……"

藤岛用那段模糊的记忆麻痹自己，他只想找回一个家庭应有的样子——相互在意、相互尊重、相互吸引的那个样子；喜悦地迎接新生儿的到来，作为慈父的那个样子。可是眼前的事实与藤岛在脑中描绘的大相径庭。

"谁能告诉我这一切都是假的！"

藤岛踩下油门，他觉得自己快要疯了。

三年前　8

如同刀插入脊髓般那么痛。

眼睛怎么也睁不开，就像被浪花冲上海滩的鱼儿一样呼吸困难。

绿色的风景和蓝色的青草味——我手里握着的是杂草，户外的阳光很刺眼。我被朝露与土壤弄得湿湿的，但是这不重要。

眼泪决堤，当我回想起一切之前，内脏仿佛又被翻滚了一遍，好想吐。谁也不要看我，我把头埋在草丛里爬行。

这里我好像认识，是大宫第二公园的附近。我看到旁边有个带滑梯的游泳池，四周被田野环绕，能看见远处的新都心大楼。可能由于是早晨，周围飘浮着烟霭。我叹了口气，从这里走得回家，不过怎么也需要花近一个小时。回家的话，要怎么解释才行呢？想想就觉得麻烦，真想把脸闷在河里死了算了。

零散的记忆终于串成了一条线，我……

我叉开双脚使劲让自己站立起来，伴随着剧痛，我发出惨叫摔倒在地。我明白自己已经被他们吞噬了，我不禁龇起牙。什么都不想思考，什么都不想回忆，可我仿佛还是看到了男人肥胖的身子……

"为什么……"

我发出了根本不属于自己的嘶哑声音，并且在我眼前，她的幻影正毫无感情地看着我。为什么你没有救我？

"我明明那么相信你！"

眼泪再次决堤，我爬到河边扑进水里，想用这河里的水洗净自己的身体。褐色的温水包裹住我，我祈求能看到她微笑的样子。我明明那么相信她，不论自己会怎样都在所不惜。可是我……

我的腿在滑溜溜的地板上滑了一下，水花溅到脸上。为了忘却痛楚，我拼命用手抓脸，用力拉头发，以此分散注意力。

"求你了……"

我希望能够将记忆封存，可是记忆却不断浮现。我想回到最初的时候：你向我打招呼，向我笑，帮助我。如果这一切都没发生该多好，我想一定是自己弄错了。

我想起昨晚栋方说的话。

"我们缺少了一些什么。"

我摇摇晃晃地从河里爬起来，湿透的牛仔裤紧贴着大腿。我走起这条漫漫长路，打算回家。虽然想狂奔，虽然想咆哮，但是我知道那样不行——疼痛不允许我那样。我跛着一条腿，慢慢行走。

"……她缺少的东西很多，比我们都要多。由于她的空洞太深了，周围的人会被她吞噬。你明白我的意思吗？"

不自觉地回响在脑中的话语犹如标枪一般向我袭来，每当这时我都会因站不稳而膝盖着地，然后忍着无限的痛楚继续行走。

父母看到一夜未归的我，简直是跳着出来迎接的。他们生气也好什么也好，看到我这副凄惨的样子，都讲不出话来了。我不仅全身湿透脏兮兮的，还散发着臭气。平时温柔、对我不多干预的父母此刻不断地盘问我。他们甚至想让我脱掉衣服，将我检查一遍。

"别碰我！"

刚想把手放在我身上的父亲连忙将手抽回。我觉得自己的局部感情被麻痹了。他一副崩溃的表情，而我除了愤怒与恐惧之外没有任何感觉。

我穿着衣服洗澡。

"别靠近我！"我边威胁边求他们。

回到房间上了门锁，确认窗户也锁上了之后，我用别针把窗帘夹得不留一丝缝隙。我倒在床上，用被子遮住全身。这时传来了一阵沉重的敲门声，我条件反射地抓起手边的收音机往门口扔去。插头顺势脱落，收音机猛地掉在地上，发出很大的声响摔得粉碎。这种程度的威力，足以让门外的两个人闭嘴了。我看着满地的塑料碎片、零件和电线，觉得自己真是疯了。我听到从楼下传来妈妈的哭泣声。对不起，请你们原谅我。

飞到床上的塑料碎片划伤了我。没关系，现在的我，身上已经没有一处是不痛的了。

爸爸好像连班都没上，妈妈也一样。不过家里却静得吓人，什么声音也听不到，除了自己的哭泣声。终于，脑中的肾上腺素消失了，整个人累得好像快融化在床垫上了。我终于有睡意了。

我睡得很浅，地上的残骸印在眼中消散不去。而且我看见她正对着我冷笑，从未见过她这种表情，似乎是在看某个低等生物一样。

我睁开眼睛环顾四周，除了白天变成了黑夜，其余一如既往。收音机的碎片依旧散落在地上，疼痛感让我不禁皱起了眉头。这才是现实，被收音机碎片划伤的手臂流出的血迹，弄脏了床单。

我靠在门上犹豫着，刚才凌乱的梦境让我不知该不该开门。

深呼吸了几下后，我打开门，门外的小饭桌上放着晚饭。菜是我最喜欢的烤猪肉和炸虾。饭还带着几分余温，我有种如坐针毡的感觉。楼下依然静得吓人，我突然想起了她，内脏抽搐般痛。我呼吸困难，忍不住将手支撑在散落着零件和碎片的地上。每当她的身影出现在脑中，我都会感到绝望。

她从一开始就……

不可能，她的微笑不可能是虚情假意的！我差点喊出了口。不可能，有谁能告诉我这不可能？这次她也打算救我的，不过她却……我不想继续思考下去了，我无法相信她从一开始就在对我下套。我痛苦得满地打滚，好想解脱，谁能帮我结束这一切！

她把运动毛巾给了一直受到同班同学 A 和 B 以及岛津虐待的我，她的登场如此耀眼，至今还印刻在我心里，我还能回忆起那条柔软的毛巾和她的气味。

她第二次登场是我被反绑在屋顶上的时候。现在我才知道，她是我的救命恩人。如果她没有开那扇门，我可能已经自杀了。

在青空之下，她抱着瓶红酒走来的样子，英勇飒爽。当她帮我把裤子找回来的时候我想，她是不是上天派来人间的天使？

门再次被敲响，门外的人哭诉着什么。妈妈，不是你的错。终于敲门声停止了。

然后我醒着度过了一个像永远那么长的夜晚，耳边充斥着别人家里的电视声音或孩子的吵闹声。声音消失了，变成静寂。随后又听到车子的排气声，我想起了那些家伙，身体不住地颤抖。

夜越来越深，我听到令人毛骨悚然的鸟叫声与远处的狗叫声。然后，送新闻的电动车引擎声震撼着我的鼓膜。

我还是没能走出房门，即便是在半夜、清晨，父母隔一阵子就会来敲门，并对我说些什么。

我没有回应他们，因为无法证明他们不是"假的"。我觉得在外面敲门的，也许是那些家伙。杀死真的，伪装成父母，向我搭讪。残留在脑中的一丝理性好不容易想对这种想法付之一笑，可是根植于内心的某些情感让我变得顽固。

"藤岛……"

不管怎么等待，她都没有出现在我面前，也没有对我讲话。我度过了一个漫长的夜晚，第二天，太阳照常升起，小鸟的鸣啭声也准时出现。"藤岛……"

我始终都无法相信，她一直以来的所作所为，都是为了让我陷入圈套。

我打开房门，走廊上还放着昨天的晚饭，上面用保鲜膜包着。我感觉父母已经起床了，或许他们和我一样也彻夜未眠。我真想现在就跑下楼，对着父母大哭一场。把所有的事情都告诉他们，让他们好好地安慰我一下，然后央求他们为了我这个没出息的儿子哭泣吧。

听我说……

我吞下已经跑到喉咙口的话语回到房里。还没有结束，我还没有见到她。在没有见到她之前，我是不会接受这一切的。

我脱下T恤，换上黑衬衫，还找了一条干净的牛仔裤。

看着镜子中的自己，我感到十分惊讶。这套衣服是我很喜欢的，选择这样的打扮，证明我内心还是期待她能够喜欢我。我拿起桌子上的美工刀，虽然我不觉得这玩意儿能够保护我，但是不自觉地就拿起了。

耳际突然响起栋方的声音。

"你是想用它对付我们吗？不是吧？"

我推出美工刀，发出咔咔的声音。银色的刀刃中仿佛倒映着她的身影，我的心跳突然加速。我不应该使用这玩意儿的，不过我还是把美工刀放入了口袋中。

打开窗，我静静地爬到房顶上。我慢慢地走，尽量不发出声音。我忍受着疼痛，从屋顶跳到围墙上，再跳出围墙来到路上。我弓着腰，让自己藏身于围墙之内，不能让父母发现我，至少现在还不能。我在内心向他们道歉后，跛着脚往前走去。

17

已经晚上 9 点多了，在愤怒与悲哀之中，他又来到了大宫站前。他就当自己没听清楚桐子的话。

沿着旧中山路向前，进入一条小弄堂里，来到大宫中心酒店。那是一个夹在楼和楼之间的狭小酒店。加奈子这样的姑娘应该和这种酒店搭不上半点关系。怎么也想不到这里会成为上演黑暗的舞台。

开了 50 米左右，他停下卡罗拉。他徒步走过酒店前，看了一眼酒店的大堂。大堂里光有沙发却没有人。前台有一个酒店工作人员，正无所事事地站着。

在卡罗拉里待了差不多两个小时，能看到酒店的窗户透出橘红色的灯光。每当他看到走进酒店的人们时，他都会一边在嘴中骂道"变态"，一边把枪拿在手中玩。

他没有见到疑似姓赵的那个男人，他真想挥动着枪，冲进大堂，把所有的房间都轮番检查一遍。如果能够逮到姓赵的那个家伙，应该就会拉近与加奈子之间的距离。

过了 5 个小时，他开始思考关于这家酒店的老板的事情。酒店老板是怎样与加奈子认识的呢？他们是何种关系？妄想般的推测不断涌出，他突然感到头部一阵钝痛。酒店老板是女儿的雇主，也是事业上的合作伙伴，或许还是情人关系。他们叫做社团的这个组织，对酒店老板而言是怎样的存在？是单纯的玩乐，还是一项大事业呢？

他回想了一下照片上的男人们：律师出身的市会议员、工商会议所的职员、警察，说不定还有许多不明身份的财主和大人物。他开始思考，姓赵的和这些人勾结在一起，到底给自己带来了多大的收益？也许只是一种款待他们的手段而已，也许被姓赵的拿来作为威胁材料了……

管他呢，不管怎么思考，对那家伙的厌恶之情只会更上一层楼。如果没有那家伙，女儿就不会身处危险之中了，那些人也不会死了。

然后他想到了加奈子，她一定想对自己复仇——便利店杀人案的作案时间正巧是他值班的那一晚，而且也是在他巡逻的区域。加奈子巧妙地引出了那个杀人狂，应该是想在那个狂风暴雨的夜晚，让杀人狂撞上藤岛的。藤岛自嘲着，无法走出妄想的领域。无论加奈子多么不同寻常，都不可能想出那种神一般的点子。

但是藤岛希望如此。无论加奈子会对自己露出多么厌恶的表情，藤岛都希望女儿能够看自己一眼。

已经监视到深夜了，经过面前的轿车和摩托车已经有好几十辆了。他困得脑袋时不时会撞上方向盘，他听不见也看不到少女们的声音和身影。时间一点一点地过去，天终于亮了，当乌鸦开始叫的时候，他转动钥匙发动车子。他终于离开了那个巨大的被诅咒的祭坛。

在 2 号县道上开了一段时间，他发现隔一辆车的后面有一辆白色的日产君爵。君爵车上高位的灯光打在后视镜上，刺得他视线发白。从岩槻出口一直到东北道，那道强光依然跟着他。

握着方向盘的手阵阵出汗，深夜电台放着激烈的波普爵士，让人失去现实感。藤岛踩下油门，车速从 110 码提升到 140 码。这个速度对卡罗拉的引擎来说已经是极限了吧。车子发出奇怪的吼声，车身微微晃动。藤岛拉开与君爵的距离，突然冲进快成为自己栖身场所的莲田服务区。覆盖天空的黑暗渐渐散去，东方的天空露出鱼肚白。

他把车停在附近的停车位，没有熄火就下了车。他蹲下身，背靠在发热的车身上，内心的紧张不断涌出。终于，那辆君爵放慢速度，关上了灯，静静地开了进来。

他的背脊开始不断战栗，还没见过面的赵和用丝袜蒙面的男人们浮现脑际。他握紧腰间的柯尔特枪。他们的车停在了附近的空位上。

他弓着身子，藏匿在好几辆车的阴影中，路灯照不到的位置。君爵熄了火之后，没有任何动静。

他藏身于好几辆车后，小跑着靠近君爵。君爵的车窗上贴着黑色的膜，看不清车内的情况。他开始祈祷，但不知道对象是谁。他冲向君爵，把手放在拉门上，一下子拉开。他举起枪，对准车里说道："不许动！"

七人座的车里弥漫着烟味和古龙香水味。里面坐着三个男人，他们一齐看向藤岛，身体像被定格住了似的。藤岛把枪口来回指着那三个人："不许动！我要开枪了！"

　　坐在驾驶座上的是穿着花哨的夏威夷衫的黑皮男人；副驾驶座上穿着红色运动衫的光头保持打电话的姿势；坐在后座的男人穿着一件深蓝色的外套，里面是红色的衬衫，他很胖，脸上红红的。他的身上戴着许多金银珠宝，手上还有一只劳力士金表。一看打扮就知道他是谁了。这个男人完全不畏惧枪口，张开厚厚的眼睑，用阴郁的眼神看着藤岛。

　　藤岛对着胖男人说："原来是你们啊！"

　　"你这家伙！"

　　副驾驶座上的光头一边挥舞着手机一边冲着藤岛大吼。藤岛条件反射般将枪口对准了他，心脏激烈地跳动。光头毫不畏惧地瞪着藤岛。藤岛压下手枪的保险杆，指尖在发抖。

　　"混蛋！"

　　"住手！"胖男人对光头说。

　　"是你们干的吗？是你们杀的吗？"藤岛把枪口对准了胖男人。胖男人将目光慢吞吞地移向藤岛，像是嗑了药一般地缓慢。

　　"你也克制一下吧。稍微考虑一下地方好吗？"

　　"闭嘴！"

　　藤岛拂去围绕在脸周围的热气和汗。抱着烧酒的卡车司机、情侣等围观群众在周围看着热闹，投来关注的目光。

　　"你们是石丸组的人吧？"

　　胖男人把堆满肉的脖子费劲地转了过来，发出嘎巴嘎巴的干裂声。

"上车，你早就想见我们了吧。"

"你们这群家伙知道些什么？你们都做了什么？"

"你在查你女儿的行踪吧？"

藤岛一把抓住了胖男人的胸口，用枪抵着他的肚子。

"她在哪里？说！"

"你这家伙！"

藤岛的脑袋也被抵上了一个坚固的金属物品，那是副驾驶座上的光头的手枪。好几次枪口都对准了藤岛的太阳穴。不过没有关系，藤岛依旧抓着红色衬衫，摇晃着胖男人。

"说！我女儿在哪里？"

"把枪收起来！"

胖男人对着前排的两个人说，仿佛完全不介意藤岛这个人。藤岛的脸部肌肉开始抽搐，抵在他头上的那把枪更用力了。

"把枪收起来！混蛋！"

胖男人推开藤岛的枪，探出身子。胖男人用右手握拳挥向光头和黑皮，车内响起拍击肉的声音。光头的脸突然转向一侧，黑皮的背脊撞上方向盘，呻吟起来。胖男人的动作并不快，可藤岛只有在一旁看的份儿。

胖男人费力地躺回座位。

"你也别再挑衅了，他们可没脑子区分威胁还是当真。警察先生，你想变成马蜂窝吗？"

藤岛继续瞪着胖男人，他为自己的无动于衷感到羞耻，但是另一方面，他安下了心。光头果然言听计从地收起了武器。藤岛把枪指着他们，一边颤巍巍地坐了下来。

"喂！"胖男人对开车的黑皮说。车子安静地开动了。

"就当是兜风吧。闹成这样，也不知道会不会有多管闲事的家伙举报我们。"

车子开出服务区，再次向北驶去。他们用80码的速度，在三条车道的最左侧慢慢地开着。胖男人说自己叫咲山，看上去年龄大约在35—40岁之间。光头和黑皮叫胖男人老大，也就是说胖男人是石丸组的二当家。

咲山用空洞的眼神看着天空说："我们不知道你女儿的行踪，也许她落入了那个柏青哥的人手里，也许至今还潜伏在某个地方。"

藤岛看着咲山的脸，叹了口气。即使用枪威胁咲山，也没有得到什么情报。

"你的女儿，是个人才啊。"

"……"

"同时也是一个难以拯救的笨蛋。那个开柏青哥的家伙虽然不是什么黑社会，但是他有让人惊叹不已的财富，也就是说他比黑社会更坏。只有笨蛋才会背叛那样的家伙。你知道自己的女儿干了些什么吗？"

"加奈子偷出了他的照片。"

"然后呢？"

"然后什么？"

咲山将视线慢慢转向藤岛。

"你知道野田吗，那个市会议员？"

"哦……"

"知道大户吗，市土木部长？"

"不知道。"

"那个叫柿崎的老头子，是市工商会议所的职员。"

"你说的这些都是社团的客人吧？"

"社团？"

"姓赵的和加奈子搞的组织呀。"

咲山嗤笑着点了点头。

"两周前，他们的办公室或家里收到自己的照片——几乎所有的客人都收到了。"

藤岛不禁闭上了眼睛。

"为什么？"

"不知道，如果是打算用这些照片威胁姓赵的，还能理解。不过毫无缘由地就寄到了客人那里，仿佛从一开始就打算让赵吃吃苦头。"

"为什么？这一切都是为了什么？"

"在我的地盘发生的事，我大致都知道。你女儿经常拉一些年轻、漂亮的姑娘过来，甚至有一些小女孩。虽然我们也有一些不错的姑娘，有皮肤黑的也有皮肤白的，有家庭主妇也有模特，甚至曾经睁一只眼闭一只眼让学生来干。但是你女儿更了解时代的需求，这个世上有许多喜欢小女孩的变态，多得让人恶心。虽然有危险，但是能够大赚一票，而且还能拍下客人的变态行为。如果违反约定的话，只要拿出照片，客人就会乞求原谅。这些照片作为交易的道具而言，没有任何问题。"

咲山把手伸进手包中，慢慢地取出烟。藤岛条件反射地抓紧了手枪。光头回过身来，想为咲山点火。

"看前面！"

咲山踢了踢前排座椅，自己点了火。

"为什么那个开柏青哥的家伙要干这档子事？警察先生，你知道吗？"

"肯定是为了钱或兴趣。"

"话虽如此，"咲山苦笑道，"其实原本是打算投资的。他想在连接新都心和17号国道的地区建一个大型购物中心。柿崎原本是新都心附近的地主，现在那块地方有一角还属于这个老头。野田议员是推进招商的先锋，并担任准备入驻的超市的顾问。"

"你想说这一切都被加奈子破坏了？"

"姓赵的被顶上了杠头，说不定已经气疯了。不然的话，不会这么大肆杀戮的。他好像无论如何都想把你女儿和协助她的人们变成尸体，所以除了你女儿之外都死了。"

长野断气的时候，眼中流着泪。

"你们太清楚了，知道客人会哭着来求你们。"

咲山边抽烟边拍手，仿佛在说这个回答真漂亮。

咲山若无其事地说："我要夺走赵的地位，把照片拿回来。"

"让启示录的栋方去追踪，也是为了这个？"

"我对他太失望了，让他卖了好几种兴奋剂，大多数都卖到了你女儿和姓赵的手里。情报也都给他们了，我为此差点要跑路。我在犹豫到底该怎么处置栋方，是断他几根手指呢，还是把他给埋了。"

藤岛不断地叹着气。

"另外，你是不是也打算夺走加奈子的地位？"

"姓赵的和来求我的那帮家伙，最怕的就是你的女儿。如果她向媒体或警察揭发，事情就会变得一发不可收拾。"

车内的气氛越来越紧张，藤岛把手枪放在双腿间，慢慢地扣住扳机。

藤岛长舒了一口气。

"我可以把照片给你们，所以……"

"应该加印过吧？你女儿手里肯定还有好几套。"

光头的脖子发僵，黑皮在冷气十足的车内擦着汗。藤岛握着枪的手差点就要违反意志行动起来，他好像闻到了血的味道。

"你要我怎么做，才肯救她？"

方向灯亮了，黄色的光忽明忽暗，照亮了男人们的侧脸。车子在久喜出口下了高速，驾驶座的窗户被打开，温热的风吹了进来。

"我知道姓赵的在哪里，他觉得与其逃得落魄，不如好好地躲在市区。"

"你想让我怎么做？"

"盯住他的'狗'。"

"狗？"

"他的'狗'前一阵还在疯癫呢。在便利店杀了三个人，还杀了一个年轻的姑娘，你都目睹了吧？"

"'狗'是谁？"

"是你曾经的伙伴，时任警察。他总是妨碍我对付赵，我还什么都没做呢，就被内务调查的警察给盯上了。"

"那些家伙……"

"你看过照片了吧？"

"春日警署的三浦？"

咲山摇摇头。

"姓赵的把消息都告诉了三浦，不仅如此，还把自己的'狗'介绍给了三浦。这就是三浦入会的条件。"

"……"

"所以有一个时任刑警是姓赵的养的狗，我只知道这些。他应该和你一样，辞了职还是成了流氓。"

"这个人是谁？"

"你也认识的，大宫警局的小山内，和三浦是同期。"

"小山内……"

藤岛回忆起自己的警察时代，然后他觉得很意外，咲山的脸证明了自己的话都是真的。生活安全科的小山内巡查部长，主要负责少年科。与其说他是个警察，还不如说他更像个老师。在肌肉派刑警的房间里，只有他一个人像狗尾巴草似的又瘦又高。他戴着上个世纪的粗框黑眼镜，一派学者风范。他似乎很认真，而且喜欢照顾别人，经常为自己辅导过的少男少女出谋划策，还仔细聆听一些无所谓的生活烦恼。

藤岛回忆起关于小山内的记忆——两年前的一起连续枪杀案。警察局里的刑警一大半都出动了，正常来说每个人都应该睡在警察局里展开调查的，不过小山内无论会议开得多长，开到多晚，都要回家。他的酒品不好，经常会听到其他警察对小山内的挪揄与反感，他和藤岛完全就是两种人。

"你确定吗？"

君爵在开过收费站的同时调头，再次回到高速公路上，沿着东北道南下。

"直到三年前为止，他都是当铺的常客。"

藤岛看着咲山，想起了另一件事。

小山内的孩子患有内脏疾病还是白血病来着？也可能是儿童癌症。听说终年的治疗费和住院费使家庭经济困窘，他从共济组织那里借了最高额度的钱。即使这样也不够，他最终还是借了高利贷。作为警察竟然向消费者金融借钱，如果败露的话足够让他被迫辞职的了。

"所以近三年他不再出入金融公司，听说共济组织的贷款也还得差不多了。但是他的孩子依然在动手术、进出医院。"

"告诉我……真的是他干的吗？"

"什么？"

"他们真的杀了那么多人吗？"

藤岛的口气变得酸酸的，他还是无法相信。虽然他被赶出警局，对警局怀有类似厌恶的情感，但那里毕竟是他赌上人生的职场，他一直为自己的职业感到骄傲。

虽然对警察而言，暴力是家常便饭，但是无法想象有人会参与杀戮。

"警察先生，你还真耿直啊。你应该从没痴迷于赌博过吧？也没有到处借钱，和亲兄弟断绝了关系吧？更不会因为外债而想死吧？"

藤岛一言不发地听着他的话。

"他养的狗，都是历经过些什么的。小山内也是。这些狗根本不讲道理，他们被厄运吓怕了，他们选择不做人，为了自己什么都愿意做。"

"……"

"你好像还是不相信。"

"我……我无法理解。"

"不，你可以理解。任何人都有即使亲手杀人也想保护的东西、想隐藏的东西。保护家人或是自己，隐藏自豪或是愧疚的秘密。你也一样吧？"

藤岛的心脏突然猛跳了一下，咲山用恍惚的眼神，仿佛看透了自己的内心深处。

"你也一样吧？"

"闭嘴。"

藤岛的声音沙哑了，当他看到咲山脸上的笑意时，感到无可遏制的怒气与恨不得挖个洞钻进去的羞耻。

车子再次驶入侧车道，开始从岩槻出口下去。情人酒店的绚丽灯光照亮了男人们的脸。车子到了收费站再次折返，又上了高速。

"我把照片都给你们，但是你们不许碰我女儿一根寒毛。"

"可以啊，你得先找到你女儿并且说服她。包括加印的照片都必须毁了，这是条件。然后让她留个学什么的，从日本消失。"

"你说过要夺走赵的地位。"

"得看你怎么阻止他的狗，怎么阻止小山内了。他现在到处找你女儿。"

"还有一点，如果绑架的话必须让我在场。我有话对姓赵的说，拜托了。"

"你想杀了他？"

藤岛没有回答，虽然口口声声说无法理解咲山，不过如果是赵——与加奈子联手的男人、被加奈子背叛的男人、想要除掉加奈子的男人、女儿最了解的男人——藤岛一定会毫不犹豫地扣下扳机吧。也许赵已经夺走了加奈子的性命。姓赵的让和自己同一个鼻孔出气的警察杀死毫不相干的人。这个畜生，藤岛真想亲手送他下地狱。

车子回到刚才的服务区，停在藤岛的卡罗拉旁。东方的天际已经升起了太阳，藤岛打开拉门下了车，把装有照片的信封递给咲山。咲山吹了下口哨，满意地点点头。

"希望你一切顺利。"

藤岛一直盯着君爵渐行渐远的背影，这一切简直像一场噩梦。他追着加奈子，他们之间隔着意志与力量化成的连绵起伏的波涛，加奈子的身影忽隐忽现。虽然与加奈子的距离确实缩近了，但是当他找到她的时候，不知道自己是否还算个人，或许心灵早已腐烂了。

藤岛用肌肤感受着终结，同时把手伸向车把手。

三年前　9

走十分钟的路程，对我而言算重体力活。

清早，我来到大成町的四丁目，那里是一块居民区，有一个很大的商场，还有电影院。一些睡眼惺忪的高中生经过我身边，他们应该是去参加补习班。还有一些白领走向伊奈线的车站。商场前的道路被国道方向的车辆堵得水泄不通。

也就是说，一个寻常的早晨如期而至。我明明度过了一个那么不寻常的夜晚，想到世界一切照常，不禁让我感到生气。

她也和往日一样从睡梦中醒来吗？我抬头望向褐色的高楼，那里是天使住的地方。我多次幻想自己能被邀请去那里。

她的父亲是一名警察，太戏谑了，而且听说是一名刑警。她的父亲一定是个顽固的人，如果我去她家的话，她父亲必定会向我投以严厉的目光，并且追根究底地盘问我。我开始暗自激动起来，这不就是女婿的考验？

高楼门口是自动锁，所以无法偷偷潜入。而且四周也没有藏身之所，只能躲在停在路旁的车的后面。现在是7点30分，她应该已经洗过澡，吃完早饭了吧。现在在梳那头靓丽的长发。我把视线移到大楼无数的窗上，沉溺于思考之中。每当有人从电梯上下来，我都会很紧张，当发现那个人不是她之后，平复心情的同时也感到很失望。

我的心快要跳出来了，她下楼时会是怎样的表情？是不是充满紧张？还是感到内疚？会不会一下子僵住？也许和平常一样没区别。

我应该怎么做？我什么计划都没有，不知道见到她的时候，能不能控制住自己。我或许会大哭，或许会大怒，还有——我想起了自己口袋里的美工刀。

深灰色的天空似乎马上就要下起雨来，我按捺住紧张的心情，仰望天空。

一辆黑色的旅行车飞速驶来，停在我藏身的车子前。我的眼前一下子出现了块铁板，我屏息凝神。

我感觉到了危险，想把手伸入口袋中，不过在我反应过来之前，车门就开了，从里伸出好几只胳膊。我的视野急剧下降，头突然到了地上，身体向前扑倒。

伴着这下重重的打击，我的眼前冒起了金星。我还没来得及感受痛楚，就被拽入车内。

响起了引擎声与轮胎的摩擦声，我的身体横躺着，脚不听使唤。我被好几只手臂抓着，一个男人的拳头抵在我的脸颊上。我被打了一拳。仅此一拳，就让我的意识模糊了。我的脑子昏昏沉沉的，只是隐约地感到不舒服。

长发男牵动嘴角笑了起来，扎脏辫的男人像在观察昆虫一般，用冷淡的目光看着我。

"早上好！你有没有发现自己蠢得要命？"

听到一个女人的声音，我全身僵住了。远藤坐在副驾驶座上，大摇大摆地吞吐着烟雾。

"恭喜，你被看中了，发现了吗？有没有觉得很高兴？"

"你们……"

车里响起了笑声。

"喂，你再显得害怕点呀！你的那个朋友，名字叫什么来着？像他那样，叫出来呀！"

"你们把岛津怎么了？"

"你认为呢？"

"你们把他怎么了？！"

远藤卷起袖子，抓起我的领口。

"那也都是你的错！"

"你们把他怎么了……"

我的声音不像样地颤抖着，是因为愤怒，还是因为悲伤？我不知道。

"替你做掉了。"扎脏辫的回答我。他的嘴里似乎含着药或酒，眼神看上去没有焦点。

"什么……"

扎脏辫的做了个开枪的手势，我哑口无言，将视线转向远藤和长发男。扎脏辫的轻描淡写地说："你没看新闻吗？说是'因脑部外伤而性命垂危'。如果他就这样死了，那么真相将永远无人知晓。即使他还能活下去，估计也没有说话能力了。我们很巧妙地劫持了你们，又很巧妙地扔下了你们，应该不会有好事之徒告密吧。"

长发男说："即使会说话也没关系，只要把小喽啰丢给警察就好了。"

远藤说："你别没事找事，我警告你，如果你敢对警察说半句话，保证会有人来杀你！"

"我绝对不会放过你们！"

"是吗？那你试试呀！"

远藤假装手持相机，按下了快门。光是这个动作，就足以将我的决心打得粉碎。

　　看到我张口结舌的样子，远藤很满足。

　　"我帮你分发一下照片吧？学校和家里。从楼上撒下去也不错哦，或是上传到网络让变态们解解馋。"

　　眼泪从我的鼻尖滴下，面对这毫不留情的攻击，我的心一下子就动摇了。我的脑中浮现出看到照片的同学和父母的表情。同学露出看到垃圾一般的眼神，父亲像雕塑似的面颊僵硬，母亲忍受不住当场倒地。

　　"摆个高兴的表情来看看！以后我们会时不时地来找你，到时候你只要像条狗一样地出现就可以了。那个老头似乎很喜欢你哦。"

　　长发男抓着我的头发，左右摇晃起我的脑袋。

　　扎脏辫的以空洞的眼神，再次做了个开枪的动作。

　　我使劲摆动手臂，擦去脸上的各种液体。眼泪与血沾到手臂上。

　　远藤说："喂，你恨我们吗？"

　　"……"

　　"你应该恨得想杀了我们吧？"

　　远藤的手不停地拍着我的脸颊，我喉咙里不断地呜咽着，却连不成声。

　　"但是你已经察觉到这一切都很不合理了吧？其实都是加奈子策划的。"

　　"骗人！"

"你还在骗自己啊。""真蠢!""我都看不下去了。"

远藤把烟吐在我的脸上。

"那么你告诉我呀,为什么我们会在这里,这样虐待你?当然是因为加奈子让我们在她家附近戒备。她早就看穿你了,说你一定会恬不知耻地去找她。如今她已经躲起来了,她父母根本不管她,所以可以在外面待好几个晚上。"

"为什么……"

长发男把手伸进我的牛仔裤口袋,拿出了美工刀,满意地眯起了眼睛。

"你想用这把刀干什么,嗯?"

远藤扭曲着脸,哼了一声。

"虽然你嘴上不承认,可还是察觉到了。你打算用这把刀干吗?"

"不是的!"

我发出了一声惨叫。不是的,我只是想见她而已。我想问她,对她而言我算什么,想亲口听她说这一切都是误会。想让她拯救我的灵魂……

长发男把美工刀对着我的脸颊,扎脏辫的说:"不可以刮花他的脸,赵可能会生气。"

远藤扔掉烟头。

"我最讨厌你这样的人。逞什么强?坦白点不是更好?"

"不是的……"

"难道你想让我这么说?加奈子从一开始就在给你设套。"

"闭嘴!"

"你差点就自杀了吧？她在你被欺负的时候帮助你，然后你就像条小狗一样地摆着尾巴。这是加奈子告诉我的。"

她把运动毛巾给了我，柔软的质地包裹着我，我闻到毛巾上她的淡淡香气，她的样子是那么的耀眼，那么的飒爽……

"其实她根本没必要这么做，大家都这么认为，明明只要绑架就行了嘛。可是她却说这样比较有意思，你知道为什么吗？"

在屋顶上，她替我取回裤子，还把红酒递给了我。红酒甜甜的，还带着点不安的味道，可喝了之后，嘴里竟充斥着平静。

"加奈子的说法有点复杂，这样做是为了让赵满意。她所做的一切，都是为了让你上钩。我认为加奈子很聪明，人也很漂亮，你觉得她为什么会向你这种家伙伸出援手？要不是为了这个目的，她根本连看都不会看你一眼。"

车门开了，外面下起了雨，黑色的柏油路出现在我眼前。我被抓着领口扔了出去。路上的水浸湿我的身体，雨哗啦哗啦地打在我的脸上。

"记得把身体洗干净，随时会找你哦！"

车轮发出吱吱的摩擦声，溅起一大片水花后，他们的旅行车开走了。

我趴在柏油路地板上，不能动弹。我也无所谓别人的目光。腹部剧烈地疼痛着，浑身都使不上劲。

我边想着她，边望着昏暗的天空。

她把我从学校的底层救了出来。她让不断虐待我的 A 和 B 以及岛津害怕，让他们不敢再欺负我。原本写在桌子、黑板、教科书上的对我的污言秽语也突然中断了，我不用再遭到诽谤、虐待。她让我明白生活是多么美好，是她准许了我继续活下去，融化了我冰冻已久的心灵。我甚至抱有一丝希望，只要她能在我身边，总有一天我可以打从心底里微笑。

像是做了一个噩梦，我的内心发出惨叫。那一晚，我被下了药，当我即将失去意识之前，我看到了她。她的脸上没有任何表情。"加奈子从一开始就在给你设套。你觉得她为什么会向你这种家伙伸出援手？"远藤的话不停地回响在我脑中。

我笑了。

"骗子。"

声音中只剩下空虚。他们的话很有道理，但是如果承认的话，我也许会就这么崩溃、消失。她真的是为了给我下套吗？我闭上眼睛，合上晃动的视野站了起来。

我必须要查清楚，要听她亲口说。他们告诉我，手头有我的照片，今后还会有许多屈辱的日子在等着我。不，这一切全是谎言。不可能，你说对不对，藤岛？

如果他们说的话是真的……我的心头涌起从未有过的感觉——我胸闷、难受，仿佛快要被撕碎了，仿佛快要被烧焦了。终于，所有的情感汇成一个凶残的结论。

如果真是这样，我一定要杀了她。

18

他感到从未有过的排山倒海般的疲劳。他倾斜着脑袋。

眼睑越来越沉，甚至有一瞬间，他失去了意识。当再次睁开眼睛时，大型卡车就在眼前。他立刻踩下刹车。车轮与柏油路发出刺耳的声音，在眼看就要撞上卡车的地方停下了。

在春日部的百合轩路上，两侧尽是车行、柏青哥店、没有人的消费者金融。他终于想起了自己身在何处。

他意识到在血液中循环的兴奋剂已经用尽了。他看着夏日的早晨，到处都像蒙了一层纱，暗暗的。他的意识陷入了一片泥潭。

香烟味变得难闻无比，他把刚点上火的烟扔出窗外。身体里的多巴胺还是肾上腺素消失了，他再次被睡意笼罩。

经过了地方官署，又经过了税务署，他觉得自己已到达极限，于是把车停在了 24 小时营业的餐厅门口。

同时，他用尽最后一丝力量打开了手套箱。

他一边想着这个包最后会落入谁的手中，一边取出兴奋剂。

他已经四天没有合眼，仅靠咖啡或运动已经无法驱赶如此强大的睡魔了。但是他一刻都不能休息。

不，这种借口只是为了伪装自己而已。

没有任何缘由，他只是想尽快沉浸于兴奋剂的魔力中。他想变回那个充满力量、不知疲惫、自信满满的自己。这样就无论何时都可以与加奈子见面了。

抬起头，他看到一群上学的小学生，横道线上站着护送他们的家长和老师。前挡风玻璃上映照出自己模糊的身影，他觉得自己特别的卑鄙，有一种触礁般的犯罪感。

全身变冷的同时，他的脑子清醒了。眼前闪闪发光，睡意全无，身体像羽毛一样轻。他坐立不安，有一种必须行动起来的义务感提醒着他。

"等着我，加奈子!"

他在车里吼叫。可能是因为声音太大了，车外的小学生们用吃惊的表情看着藤岛，藤岛笑容满面地向他们摆摆手。

他来到春日部，那里有一个宽敞的运动公园和散布着小公园的居民区，排列着主基调是白色、样品房一样的屋子。屋子的围墙和庭院里种着花花草草。几米开外，有一所小学，能听到孩子们的叫唤声。小山内不住在警察宿舍，而是住这块地方。

那栋屋子的红铁皮屋顶有些脱落，和周围的屋子相比，像几十年前盖的一样。几乎没有院子，墙壁经过长年累月的风吹雨打有些被腐蚀了。玄关前的邮箱上写着名字，有小山内、妻子、孩子和母亲的。墙壁上爬满爬山虎，玄关前摆着几个盆栽。

50 米开外处停着一辆白色的日产蓝鸟，怎么看都是辆便衣警车。车里坐着两个男人，藤岛看了他们一眼，没有按门铃就直接推门。内务调查的警察并没有下车。门没有锁，藤岛静静地进入玄关。

很不可思议的是，藤岛一点都不紧张。小山内应该不在家，他感到异常的兴奋与迫切。被太阳晒变色的走廊、年份已久的柱子映入眼帘。他听到 NHK 的早间连续剧的声音，他穿着鞋子就走了进去。厨房里应该有人，他听到脚步声，偷偷望了一眼餐厅。

穿着幼儿园制服的小男孩呆呆地看着电视，他的脸色又白又黄，身体不自然地肿着。小男孩看到藤岛站在餐厅里，吃惊地张大了嘴巴。藤岛握着柯尔特枪，悄悄地走向厨房。冷不防地和小山内妻子的视线撞了个正着。桌子上摆着饭盒，她的手中正拿着菜。看到藤岛，她一惊，不禁后退了几步，腰部撞上了水槽。砧板和放在上面的碟子、菜刀发出一阵响声。

"你、你是谁？"

小山内的妻子看上去三十多岁，个子小小的，很漂亮。不知道她有没有察觉到丈夫的变化。她应该是打算送孩子去上幼儿园，所以化了点淡妆。她被突如其来的闯入者给吓到了，瞪大了眼睛。藤岛一言不发地踏入厨房，把手枪藏在背后。陷入极度恐慌的她把手伸向身后的菜刀。

"过来！"

藤岛把枪指着她。可能是还没理解状况，她拿起了菜刀，又向后退了一步。

"放下刀，过来！"

她拿着菜刀，逃到了餐桌的另一端。她的眼中带有挑衅的神色，慢慢地向桌子上的无绳电话靠拢。藤岛笑了。室内响起了一声柯尔特枪声，藤岛的手臂也为之一震。水槽下方的门裂开了，小山内的妻子颤抖着身子，目瞪口呆地看着四散的碎片。藤岛从开着的窗口望出去，蓝鸟没有动静。

　　"过来！"

　　"你到底想干什么？"

　　"把刀放下！"

　　"你、你……"

　　藤岛挥了挥手中的枪，故意展示给走投无路的她看。她手中的刀滑落到地上。

　　"你应该知道吧？别装不知道。"

　　"是不是我丈夫？我丈夫把你……"

　　"给我过来！"

　　她无力地摇摇头，膝盖不断颤抖。藤岛有种喜悦感，他似乎被什么东西给附身了。突然，他感到身后有人，当他回头之际，小山内的妻子发出绝望的尖叫声。

　　"别过来！"

　　站在他身后的是一个面颊犹如白桃般的孩子，只是这只白桃似乎还没有熟透，白得很不自然。孩子的眼睛像妈妈，只是略带黄色。身上的白色短袖制服和帽子显得凌乱不堪，衣服里面的皮肤像得了炎症似的发红溃烂。无论是谁看到这个孩子，应该都说不出一句恭维的话。藤岛的心突然感到一阵刺痛，不过马上就被忧郁和愤怒所代替。

"求你了！放过这个孩子！"

"打电话给小山内，如果你不希望看到这孩子的脑袋开花，就别乱说话！"

她不住地点着头，用颤抖的手指按下电话号码，把手机放在耳边。孩子黑色的瞳孔中放出疑惑之色，藤岛的嘴里呢喃道："是不是什么都不知道，就这样死去比较好？"

她扬起了满是泪水的脸庞。

"电话不通。"

"打到通为止。"

"求你了……求你了……"

她仿佛祈祷一般，再次按下号码，把手机放在耳边。最终，她用毫无声调的机械语气说："他关机了。"

"一直都是这样吗？"

"不……并不是……"

"你不觉得奇怪吗？"

"我丈夫是刑警，所以……而且因为这个孩子，他总是保持手机能打通。到底发生了什么事？"

"你们马上就要完蛋了。"

孩子突然跑向母亲，藤岛用枪跟着他。距离很近，开枪的话根本不会打偏。母亲很用力地抱住了孩子。

"这个孩子是无辜的！"

藤岛想起松下抱着长野，瞪着自己。

"是你们杀了她！"

"杀了……她？"

藤岛好像在说一门外语。

"小山内杀了一名少女，谁也救不了你们。你们杀的人越来越多，现在竟然要杀我的……"

小山内的妻子抓着孩子的手，打算从偏门逃跑。藤岛马上起身抓住她及肩的头发，将她拉倒在地。藤岛一把夺过哭着的孩子。

"住手！"

"你竟然敢逃跑！"

"求你了……"

藤岛把枪对准孩子的太阳穴，孩子哭得更厉害了。在门外待机的刑警们一定已经听到了，可他们并没有进来。小山内的妻子像蜡像般花容失色，僵在那里。

"不准哭！不然我就杀了你妈妈。听好了，不仅是你，爸爸和妈妈都得死。"

孩子勇敢地咬紧嘴唇，用手捂住了嘴，可依旧是一副哭丧的表情。

"你丈夫是个杀人犯，他可能已经杀了我的女儿，我一定要让你们这些人感受到死人的痛苦。"

"骗人……怎么可能？"

"你丈夫请了个长假，把自己藏了起来。你知道吗，看看那辆车，里面的人在监视你们。"

"为什么？他为什么要这么做……"

藤岛看了看孩子，小山内的妻子马上就明白了似的，精神恍惚地呢喃道："你是在骗我吧……"

"告诉我你丈夫在哪里！"

"……我不知道。"

"告诉我他的藏身之处！"

"不知道，我真的不知道……"

藤岛压在她身上，她用手推藤岛的下巴，本能地用力保护起自己。

"你要是再动我就杀了你，还有你儿子。你们应该得到报应！"

藤岛似乎听到耳边响起了好几个赞同的声音，他被自己的话语所激励，陷入了一种自我陶醉的境界。

孩子原本伏在地上一直在哭，现在终于停下了。孩子哭累了，肿着眼睛就睡着了。家里的电话响了好几次，每次藤岛都会让她去接电话，同时用刀抵在她背后，威胁她如果求救的话，就杀了她。一旦知道电话并非小山内打来的，就马上挂断。

灵魂像脱离身体般，一种危险的感觉散布于全身。太阳已经完全升起，室内充满着热气。藤岛一点也感觉不到疲劳，循环于血管内的兴奋剂让皮肤不断出着汗。电话又响了，她四肢瘫软，无动于衷。藤岛按下通话键，硬是把听筒放到她的耳边。

"喂，说话！"

"喂……"

她原本空洞的瞳孔中放出光彩，听筒中漏出男人低沉的声音。打来电话的是小山内！藤岛一把夺过电话。

"小山内！"

"你是……"小山内沉默了几秒钟后，压低声音说，"你把我老婆怎么了？"

"别忘了，还有孩子。你老婆的身体真不错，你儿子差一点就没命了。这一切，全都是因为你！"

"你这个畜生……"

小山内的声音很低，低得快要把声带挤扁了。从这声音中，藤岛听出了发疯的前兆。

"我女儿在哪里？"

"女儿？"

"少废话，快回答！在哪里？"

听筒中的喘气声不见了，转而变为一片静寂。

"还活着。"

藤岛一下子跪在地板上，比起她还活着的安心感，被那些家伙活捉的事实更让藤岛担心。藤岛的眼里瞬间写满仇恨。

"让我听听她的声音！"

"不可能，她现在被关在其他地方。"

"我女儿真的还活着？你没有骗我吧？如果你敢骗我，我马上就让你老婆和儿子下地狱！"

"照片在你手上吧？"

藤岛既没有否认也没有承认，只是沉默着。

小山内说："我们来做个交易，拿照片换你的女儿。我想办法说服他们把你女儿带出来，怎么样？"

"我要带上你的老婆和孩子，你要是敢要什么花招，我就马上杀了他们。两个小时后，中央蔬果批发市场见。"

"喂……"

在小山内提出异议之前，藤岛把电话扔给了小山内的妻子。

"求你了，你就照他说的做。你告诉我，你真的……杀了人吗？"

电话再次被藤岛夺去。

"你有什么意见吗？"

藤岛听到抽泣的声音，小山内似乎在哭。

"我一定要杀了你！"

"应该是我杀你吧！快把我女儿安全地带出来，否则我就把你们都给杀了！"

话还没讲完，小山内就挂了电话。藤岛抓着小山内妻子的手臂，她就像个断了线的提线木偶。

"站起来，去换身衣服！"

随后藤岛摇醒了在厨房淌着泪睡着的孩子。

孩子的母亲在藤岛背后喊道："别碰那个孩子！"

而藤岛对孩子说："我们一起去爸爸那里吧。"

藤岛的心中翻腾着疑惑与不安。加奈子真的还活着吗？可加奈子是否被那帮家伙抓去了还是个未知数。小山内真的会把加奈子带出来吗？当这一切了结的时候，加奈子会怎么对自己说？答案不得而知。不过兴奋剂带来的自信瞬间将藤岛的疑虑打消，他握着手枪祈祷着。

三年前　10

鸦雀无声的居民区。

我一边寻找着一些熟悉的建筑物一边徘徊，终于来到新大宫辅道上。到了那里之后，我才开始确认自己的周边状况。我发现旁边就有一个警察局和交通机动队，不禁屏住呼吸，好像自己已经跨过了某条界线，成了犯罪者。

上了天桥，我快步向辅道的对面走去。警察不可能会放任一个肿着脸，像落汤鸡似的少年在管辖区域来回走动的。

我走进一个树木繁茂的公园，广场上一个人也没有。我找到一个公共厕所，走进单间锁上门。里面全是臭味，地上满是厕纸。虽然很脏，不过只要能遮风挡雨即可。而且幸好是个坐式马桶。

我脱下贴在身上的衬衫，像绞毛巾似的绞干，挂在门上。随后我便瘫坐在马桶上，背靠在后面的水管上。

已经不出鼻血了，嘴唇上结了一块痂，光是用手碰到腹部就痛。即使伤成这样，也算是他们手下留情了。

我打算睡一会儿，可是兴奋的神经久久不能平息，真想钻进被子里啊。不过我已经不能回家了，要是见到父母，我的决心一定会动摇。他们也绝不会放任我了。

伴着雨声与静寂，我被巨大的疲劳感侵袭，昏昏欲睡。可每当有人进入厕所时，我的睡意都会被打消。我觉得那些家伙，或者是她，一定知道我躲在哪里。我屏住呼吸，拼命抑制膝盖的颤抖，煎熬着。我的眼前甚至出现有人砸破门冲进来的幻影，我差点就叫了出来。为了安抚过度紧张的神经，我蜷缩起身子，紧闭双眼。

眼睑内侧，还是她的身影——在青空之下，她抱着瓶红酒。

够了，只要有那颗闪耀的心，有足够的回忆就够了。无论真相如何，她当时的确拯救了我。

不，还没有结束。我使用粗鲁的语言骂着她，我被那个魔女搞得丧失了自我。

两种思想在我的脑中对立，进行了千百次的较量。斗累了之后，困意又向我袭来。这个过程不断重复，我就这样等待着夜晚的到来。

窗外的光线从蓝色变成深蓝色，黑暗终于吞没了四周，厕所入口处的荧光灯忽明忽暗。我穿上衬衫，虽然还没有干，不过我不介意。

我挥散着幻影，打开门锁。在走出厕所之前，我照了一下镜子。由于很暗所以看不太清，只知道脸部的轮廓并没有多大的变化。这样就可以了，起码晚上不会引起别人的注意。

我呼吸着树木间潮湿的空气。雨已经停了，公园的路灯和荧光灯吸引着无数的小飞虫。我走出公园，向家的方向走去。途中和好几辆没有安装消音器的摩托车、放着喧嚣音乐的车辆擦身而过，每次都让我感到怒火中烧。

我走进便利店，买了卷胶带。便利店是一个充满光线与音乐的地方。虽然这里能让我感到安心，但是我发现店员和其他客人都在看着我。我对时间的感觉已经麻木，不知道自己走了多长时间的夜路。终于我发现学校的钟楼指向 10 点。我越过校门，扫视了一遍学校里的所有窗户。一楼的老师办公室和体育馆里都熄了灯，只有紧急通道的绿色灯光亮着。到处都没有人，我的周围一片黑暗。校舍就像个有意志的生物般俯视着我。

我想起曾经有一年暑假，我和朋友们来学校测试胆量。校舍大门和老师办公室都上了锁，我们一扇窗一扇窗地检查，企图溜进校舍。

走廊上有一扇窗是开着的，我们很兴奋。我们为追求刺激，忍住喜悦提议道："去理科教室看尸骨标本吧。""据说音乐教室的钢琴会自己发出声音。""巴赫与贝多芬的肖像画的眼睛会发光。"

可是当我们从窗口翻进去之后便彼此推搡起来。"喂，你去！""不，你先去。"不久便有人哇地大叫起来，逃了出去。接着又有人逃了出去。当时对我们而言，黑暗与静寂十分可怕。

我把胶布贴在校舍的玻璃窗上，先在四边贴一圈，再是斜对角两条。电视或电影中经常有类似的入室抢劫画面。

我捡起地上的石子，咚咚地往胶布上敲。玻璃并不耐敲，出现了裂缝。我蹑手蹑脚地撕下胶布，玻璃掉落，窗上出现一个洞。我把手伸进去打开锁。

走廊里一片漆黑，夜晚静得令人耳朵生疼。但是毫无当年的恐惧与刺激，我仿佛变了一个人。在黑暗中，不会出现幻觉，让我感到安心。我等待着眼睛适应黑暗。当视野里出现了一块模糊的区域，我便向前迈步，来到体育馆附近棒球部的活动室。

活动室的门被上了锁，我取出钥匙。钥匙圈上还有家门和自行车的钥匙，我依依不舍地一直保留着它，现在终于派上用场了。

我打开锁开了门，闻到了阔别已久的尘埃与止痛喷雾的味道。脏兮兮的球堆得像座山，啤酒箱里插着好几根棒球棍。不知道是谁的钉子鞋随意丢在地上，用得破破烂烂的棒球手套被塞在柜子里。中央摆着一个自动发球机。这个房间真乱，但是这里有我所有的回忆。

　　我曾经在这间屋子里和伙伴们天真地聊着天，在这个臭熏熏的环境里吃着面包啦可乐饼什么的，还抽过烟。这些记忆好像是属于远古时代的，曾经的那个我似乎也不是自己。

　　她为我找回被丢在这里的裤子，当时的她在想些什么呢？

　　我抓起一根金属的棒球棍，应该是谁的私人用品。我把它装入地上的一个包。柜子里摆着队长石桥的运动包，里面有一件满是汗臭味的运动服和香烟、打火机。

　　我在黑暗中点起了橘色的火光，随即升起一缕青烟。我把烟吸入肺部，久违的烟味并不能让我感到刺激与不道德。

　　我坐在椅子上，倾听着他们的加油声与笑声，回想起往昔的一幕幕，不禁流下了泪水。

19

冷静点。他努力抑制住那个慌张的自己。

他让小山内的妻子换上了牛仔裤和长袖衬衫，让孩子也穿上差不多的衣服。母子两人的步伐沉重，显得很累。他们从厨房的偏门出去，以此躲过与门外警察可能发生的摩擦。

他们穿过邻居家的院子，藤岛抱着孩子，走向卡罗拉。藤岛让小山内的妻子开车，他和孩子并列坐在后排，同时手中紧握着枪。孩子晕车，不到 10 分钟就往便利店的塑料袋里呕吐。

手机响了，上面显示出浅井的号码。

"什么事？"

"你现在打算去哪里？"

浅井的语气很急，藤岛沉默着。

"你绑架了小山内的妻子，打算去哪里？"

藤岛依然保持着沉默。

"你和小山内联系过了？"

"是啊。"

"你们在哪里碰头？"

"我再也不会受你们摆布了，以后我什么也不会告诉你们。"

"股长……"

"我可不是你养的狗！"

"你考虑过女儿的安危吗？"

"别说那些漂亮话了，你只是在利用我。小山内会把我女儿带出来，只有我能救我女儿！"

"小山内应该……有枪吧？而且也许不止一个人。"

"那又怎样？我要杀了他，我一定会杀了他！"

"股长，请冷静地思考一下！"

藤岛用发青的脸看着畏惧的孩子。

"你们警察能明白点什么？"

藤岛挂断电话，把手机放回口袋里。

小山内妻子握着方向盘的手在微微颤抖，她开得很慢，明明开在右边车道①上，却被超了好几次车。

"好好开！你不想让你儿子活了？"

"现在是去见我老公吗？"

藤岛把玩着手枪，他打开弹夹，检查里面有没有子弹。

卡罗拉的发动机盖就快撞上前方卡车的屁股了。

"喂！"

藤岛踢了驾驶座椅一脚。与此同时，小山内的妻子踩下刹车。藤岛用手挡住了差点要冲出去的孩子。

"请你告诉我，我老公……是不是绑架了你女儿？"

---

① 日本与中国相反，右边为快车道。

"说不定已经杀了我女儿。我刚才对你所做的一切，小山内或许也对我女儿干过。"

"我老公……"

"你想说你老公不会做出这种事？"

藤岛的脸抽搐着，愤怒与冷笑同时攀上他的嘴角。

"你老公被一个有钱的变态给收买了。他成了一条狗，服从主人的命令杀了好几个人。即使不是他亲手所为，但他一定在场。你的老公已经疯了。"

小山内的妻子伏在方向盘上，一动也不动。绿灯了，后面的车按响了喇叭，她才踩下油门。

"我不信，我怎么都不相信。"

马上就要到与 17 号国道的合流处了，路上堵得很厉害。几百辆车放出的尾气使天空变了形。

她说："这个孩子，尽管做过手术了，可每个礼拜还是需要做几次透析，偶尔还要住院。他很少才能像今天这样出门。"

"你想说什么？"

"我们一直都很努力地在凑手术费和诊疗费。今后不知道还需要花多少，但一定是一大笔钱。"

"光靠刑警的工资远远不够吧，但他总是能凑够钱。"

"我不相信你的话，他说向共济组织借钱。"

"他从三年前开始，就再也没有向信贷或合作社借过钱。"

"……"

藤岛看着一旁的孩子。孩子的脸色苍白，他坚强地忍耐着，没有任何抱怨。

"不可能……这不可能。"

藤岛咂了一下嘴，打开车门下了车。他感受着炙热的柏油路与不断上升的热气，打开驾驶座的车门，挥挥手示意小山内的妻子坐到副驾驶座上去。藤岛单手握着方向盘，左手拿起枪指着她，让她不许乱动。

小山内的妻子坐在副驾驶座上，把脸埋在膝盖里啜泣着，随后毫不顾忌地放声大哭。孩子像是为了响应妈妈，也开始抽噎起来。他们把一直以来忍耐的情绪全都释放了出来。藤岛在思考别的事。他认为，小山内如此杀人并不是为了孩子，或许是因为沉溺于杀人的快感之中。小山内跨过了可怕的禁忌，不知道越过这条线之后的他能够看见些什么。

藤岛想象了一下，心脏无故地痛起来。即使自己能够活下去，应该也无法再睡个踏实觉了。

下午的蔬菜市场人迹罕至。17号国道的高架桥附近的停车场里没几辆车。这个停车场完全被高架桥的阴影所包围，藤岛举着枪，搜寻起小山内和加奈子的身影。离约定的时间还差一个小时，他们应该还没到。偶尔有几辆冷藏运输车和厢式货车扬起灰尘，途经停车场，藤岛每次都会感到紧张。藤岛的呼吸变得急促，他流着汗，随着热气飘荡的加奈子在一旁诱导着他。

他看了一眼小山内的妻子，她把筋疲力尽的孩子抱在腿上，用手帕擦着额头上的汗。

3点20了，离约定的时间还剩10分钟，依旧不见他——或是他们——的踪影。无论对方有多少人，藤岛都有打赢的信心。

身体里流淌着的忽冷忽热的血液没有让他感到丝毫的怀疑，只是徒增焦躁而已。藤岛不停地用矿泉水漱口。

从市场方向传来了一阵奇怪的马达声，同时藤岛看见一辆叉车慢慢地开了过来。叉车臂上堆放着好几块木质卡板，所以看不见驾驶座上的人。叉车引擎发出嘈杂的声响，不过其前行的速度十分缓慢。

藤岛拔出插在腰腹间的枪，压下保险杆，等待叉车开过来。藤岛从停车场来到马路上，太阳毫不留情地照着他。藤岛为了牵制车里的母子，不停地回头用枪指着他们。小山内的妻子屏息凝神着，出于保护而一直抱着孩子。

藤岛握着枪，凝视他们。在射程内，他最大限度地远离那对母子。他穿过马路，从叉车的正对面移动到斜对面，同时不忘瞄准目标。藤岛终于看清了木质卡板后方的驾驶座——里头没有人。藤岛吃惊地跑到无人驾驶的叉车跟前，终于明白是怎么回事了。油门被胶带固定住了，方向盘上系着塑料绳。这辆叉车宛如被幽灵驾驶着一般。

突然，藤岛背后响起了轮胎的摩擦声。一辆白色轿车从胡同里拐出来，晃动着车身猛地向藤岛逼近。藤岛回头，看见的是小山内忧郁的面容。

藤岛翻转着身体，以避开突然冲过来的车子。车子庞大的力量撞上了藤岛的腰部，瞬间天旋地转。

藤岛的运动服从袖口到肩膀都破了，他全身发麻，不能动弹。藤岛在地上翻滚着。

在离藤岛几米远的地方，轿车停下了。驾驶座的门开了，小山内伸出脚来。他穿着一双有些磨损的鞋子——拿着左轮手枪入侵自己家里的男人穿的就是这双。

左手臂的感觉很奇怪，本应握在手里的手枪翻滚于地上车子的碎片里。藤岛呻吟着尽量伸长手臂去抓枪，可是动作缓慢得令他自己吃惊。枪被踱步而来的小山内给捡了起来。

藤岛仰望举着枪的小山内，小山内比以前更瘦、眼窝更深了。原本小山内的瞳孔里绽放着学者般的光辉，而如今变得毫无生气，只剩下一个黑洞。藤岛忍着快要让他失去知觉的痛苦问道："你……是一个人来的？"

小山内没有回答，他拉动套筒，确定子弹已经装好。藤岛直起半个身子，看向开着门的轿车，车上似乎没有其他人。这一个夏日让藤岛觉得混沌且黑暗。

"你把加奈子藏在哪里了？"

那个家伙不理藤岛，急急地朝停车场奔去。他在开什么玩笑？藤岛把左手伸进口袋，摸到折叠刀的刀柄。但光靠一只手没办法把刀刃打开。他用头顶着柏油路，想站起来却使不出劲。

藤岛注视着小山内的背影，他来到藤岛的卡罗拉前，跪在地上，抓住后座上妻子和孩子的手，仿佛祈求他们原谅一般垂着头。小山内的身体一直在颤抖，他的妻儿连忙抱住了小山内的肩膀，哭喊起来。

仇恨揪着藤岛的心，他们一家人竟然在这里上演着温情戏！藤岛嫉妒死了。

折叠刀怎么也打不开，藤岛艰难地爬向小山内的轿车。他打开后备箱，希望能看到加奈子的身影。这时，身后响起了脚步声。

"你疯了！你把我女儿藏在哪里了？回答！为什么不把她带来？"

小山内的呼吸很急促，他并没有回答藤岛，只是看着地上的藤岛。

小山内把枪口对着藤岛，他的眼中放出死人般的黑暗，但是并没有恐惧。

"你是怎么杀死加奈子的？是用刀，还是用枪？"

每当藤岛说出一个词的时候，他的脑中都会闪现出加奈子的死相。藤岛感到自己的精神快被吞噬了。小山内终于张口说道："还活着。"

"你说什么？"

"我们还没找到你的女儿。你马上就要死了，所以我不打算再对你撒谎了。"

小山内挥着枪，同时用袖子擦拭眼泪。

藤岛像灵魂脱壳一般舒了口气，他被一股凌驾于安心感之上的疲劳感所侵袭。小山内拿着枪更向前一步，枪口离藤岛的距离不到 10 公分。

"照片在哪里？"

藤岛似笑非笑："你还想要照片？"

"……"

"你已经完了，等待你的将是死刑台！"

"照片在哪里？"

"对自己坦诚一点吧！你根本不是为了什么照片，也不是为了儿子的治疗费，你只是单纯地喜欢杀人而已！"

"闭嘴！"

藤岛看着颤抖的枪口，说道："在手套箱里。"

"什么？"

"照片在手套箱里。"

小山内的视线转向停车场里的卡罗拉。藤岛一挥手腕，打开悄悄捏在手里的折叠刀，刺向小山内的手。

这时，藤岛听到复数的车辆引擎声，好几辆轿车和旅行车飞速驶来。刺耳的刹车声响起的同时，车门打开，好几个男人同时出现，他们藏于车身或打开的车门后。小山内面无表情地看着这个情景。

"小山内，把枪扔了！"

枪在藤岛的头上。藤岛偷偷地看了小山内几眼。小山内失去了刚才的激情，用恍惚的神色看着那些男人们。

"小山内！"另外一个男人喊道。小山内看向那个男人，然后又看了一眼坐在卡罗拉里面的家人。小山内的妻子抱着孩子，喊着一些什么。小山内对着家人笑了笑，那是一个累极了的疲倦微笑。

小山内把枪从藤岛的头上移开。

"把枪扔了！""小山内！""笨蛋！别这样！"

小山内把枪对准了自己的头部。男人们的怒吼声四起，小山内妻子的惨叫声震耳欲聋。随着枪声响起，四周突然静了下来。

躲在车身或车门后的男人们一齐涌出，他们都握着枪，身着防弹衣。

“真蠢……”藤岛擦着脸上的血，呢喃道。男人们慢慢地靠近藤岛。

“逮到了！”浅井在触碰到藤岛身体的同时喊道。

小山内的尸体被许多人围住，渐渐地看不见了。

藤岛感到浑身疼痛，他已经忍受不住包裹着脑袋的灼热感。脑袋就快要裂开了，藤岛的意识越来越薄弱，他听到男人们的吵嚷声以及小山内妻子的惨叫声。

20

意识一点一点地恢复了。

藤岛感到担架和旅行车的晃动感。他由于剧烈的疼痛而全身麻痹，身上的捆绑服很紧，让他透不过气。不过他马上又再次落入了黑暗的深渊中失去了意识。

当藤岛恢复意识的同时，他闻到一股消毒水的味道。他身处于白床单、白被子和白墙壁之中，房间里只有藤岛一人。

身体无法动弹，脖子被固定住了，可能是因为锁骨断了。肩膀上打了石膏，腰部也被固定住了。脑袋像被勒住了一般局促，藤岛用左手摸了一下，发现是包了好几层绷带。右手上插着输液管，盐水瓶在斜上方摇晃。

藤岛的意识模糊，不知道是不是因为打了镇痛剂，身上的疼痛减轻了。

藤岛无法思考，从窗帘的缝隙中可以看见夕阳照进来。护士进进出出好几次，藤岛本想问一下这里是哪所医院，自己的伤势有多么严重，可是又觉得很麻烦。

拉门被毫无预兆地打开了，两个男人走了进来，走廊里似乎还有好几个人。身穿蓝色制服的警察站在入口处，狭小的病房里充斥着男人的汗臭味。镇痛剂让藤岛的脸上浮现出奇妙的微笑。

有一个人戴着手套和警帽，手持警棍，还有一个大个子怒气满面地看着藤岛。

大个子抓起窗口的花瓶，倒着一甩，白色的芙蓉花瓣掉落在地。

"畜生……"

戴着警帽的人用警棍顶着床单。他们对着不能动弹的藤岛不停地咒骂。

"我们绝不原谅你！"

"到底在开什么玩笑？"

"我要找人杀了你！"

"可恶！"

"早就知道你这家伙的恶行了！"

"和传闻一样啊，癫狂的藤岛！"

"你这条野狗！看到谁都要咬！"

第三个男人走进病房，他穿着没有一丝褶皱的深蓝色西装，灰色的头发三七开，戴着一副银框眼镜，看样子像是民营企业的董事长。藤岛并不认识他。

藤岛艰难地开了口。

"我……"

"他们是小山内巡查部长的同事。"

"我……如你们所愿行动了，不是吗？"

"我知道，我知道。"

银框眼镜讲话很温和。

"他应该死，不是我的错。"

"我知道。"

"他是自己扣下扳机的。"

"没错。"

"你们也希望他死。"

银框眼镜点了点头。

"放我走。"

"那可不行。"

"为什么？"

"你做得太过分了，不仅持有非法枪支，而且还对小山内巡查部长的妻子施加了暴行。你拥有大量的兴奋剂，你的血液里也检测出安非他命成分。另外……"

"放我……"

银框眼镜把手放在藤岛的肩上。

"他已经自杀了，没问题吧？"

"放我……"

"明白了吗？回答！"

"是的。"

"什么是的？"

"他用枪打穿了自己的脑袋，自杀了。"

"谁？"

"小山内巡查部长。"

"很好。"

银框眼镜按响了枕边的呼叫铃。过了一会儿，移门被打开，冷酷得像杀手一样的护士走了进来。护士一言不发，抓起没有打点滴的那只手，想要把针筒插进去。

　　"我……必须去找女儿。"

　　"暂时不行。你就老老实实地待在这里睡觉吧，睡到所有的事情都解决了为止。要知道，外面想杀你的人多得不计其数。"

　　"我的女儿……"

　　银框眼镜走出房间。藤岛刚想叫他别走，就感到手臂上针管的冰凉触感，同时意识模糊起来。舌头不听使唤，视野像风车一般天旋地转。但是藤岛并没有失去意识，悲愤与恐惧拒绝那样。

那座公寓的那间屋子没有亮灯。

这块地方既有商业街，又有公司宿舍，显得乱七八糟的。我躲在停车场里的某辆车身后，监视着那间屋子。屋子的两扇窗都是黑漆漆的，宣告着主人还没回来……或许主人早就睡着了也说不定。已经过了凌晨两点，远藤的家人应该只有妈妈，听说她妈妈是做陪酒的，不到天亮不会回来。

等待的时间一点也不痛苦。幸亏停车场里很黑，让我看不见幻影。周围的静寂淡化了我的存在。

我的身上被蚊子咬了好几块，我抓了又抓，尽管如此，我也不觉得心烦意乱。多亏了蚊子块，让我忘却了全身的痛楚。不知从哪里传来的广播声播报现在已经是凌晨三点了。正巧此时，一辆雪佛兰阿斯特罗停在了那座公寓的门口。

终于盼来了——那辆将我带往噩梦的白色雪佛兰阿斯特罗。它依旧发出震耳欲聋的音乐声，打破深夜的寂静。穿着制服的远藤打开拉门下了车，她好像喝醉了，看上去站也站不稳。

开车的还是那个金发金牙男。车上坐着好几个人，几种声音交错着。远藤笑得弯下了腰。我全神贯注地等待着。

雪佛兰阿斯特罗响了一下喇叭就开走了，红色的刹车灯越来越远。摇摇晃晃的远藤依依不舍地注视着尾灯。

我从一辆车的背后移动到另一辆车背后，拉开装棒球棍的包，同时期望自己能化身为黑暗的一部分。远藤像在闹别扭似的慢吞吞地走向门口，她在包中摸索着，能听到钥匙发出叮叮当当的声音。

远藤把钥匙插进门锁中的那个刹那，我飞奔出去，终于轮到我击球了。我跑到击球区，握紧球棍，猛地朝远藤的后背打去。只见她的身体一下子撞在了门上。

　　她回过头，一副难以置信的表情。虽然我很厌恶，但还是紧紧盯着她。我最讨厌这种表情了！她一定是把我当成一无是处的昆虫或宠物看待。

　　我一手握紧球棍，一手转动钥匙打开房门。房里传来垃圾与廉价的芳香剂的味道。我抓住她的袖子，把她拖进房间。

　　我用嘴咬住球棍，双手拖着她，穿过狭小的厨房。打开拉门，房里全是中间色，这里应该是远藤的房间，里面有一张床、一张矮桌、满地的杂志和随手乱扔的衣服。

　　我让远藤靠在墙上，她扭着身子发出低沉的声音，身上流着许多汗。我拉开窗帘，看了看外面。他们应该不会回来了，周围的邻居也没有异样。

　　我发现远藤想伸手去拿刚刚丢在厨房里的包，于是马上跑到厨房，跨过她，一把抓起包带。

　　包带断了，包里的东西都掉了出来。化妆瓶、口红、手帕，还有减肥药、白色粉末、从我那里夺走的美工刀。远藤扑向挂满饰品的手机，像抓救命稻草一般。

　　我挥下棒球棍，不偏不倚地砸到手机。塑料碎片四散，芯片和电线露在外面。

　　远藤凝视着支离破碎的手机，嘴唇颤抖着。

　　"你……你发什么疯？你真的完了……做出这种事，你以为我们会轻易放过你？"

我捡起地上的美工刀。

"我早就知道自己完了。"

"怎么会这样！你这种家伙竟然能把我……"

"因为我是幽灵。我也不知道自己是死了还是活着。但是我能够缠住你，也能够咒死你。"

我一手推出美工刀，一手握着球棍。

"她在哪里？"

远藤发出敷衍的笑声。

"不知道。"

"你骗人！"

"我说了不知道！别开玩笑了！你早就可以这么问了，还装模作样，要杀要剐悉听尊便！"

"闭嘴！"

我看到窗边的一张照片，从远处也能看清照片里的人。栋方、将我带往黑暗的金发男、不停殴打我的长发男，他们用无趣的表情盯着镜头。照片上，只有远藤兴奋地竖着中指笑。照片里没有藤岛。

我把棒球棍靠在墙壁上，那是一个她绝对碰不到的地方。

"她让我见到了一个崭新的世界。"

"……"

"干净、温暖、丰裕，像乐园一般的世界。"

"你在说什么……"

"但是这个乐园即将崩坏，或许一开始就不存在这种乐园。多亏了你们，我现在比死还痛苦。"

我抓起挂在厨房把手上的毛巾，走到无法动弹的她身边，把她的手臂用毛巾反绑在身后。

"你见过地狱吗？"

"吵死了！"

我拿起水槽上的抹布，那块抹布湿湿的。被反绑住的她蹲着，眼睛东张西望。

在听到更难听的话之前，我硬是用抹布堵住了她的嘴。我把美工刀竖在她的脸颊旁，发现她的眼里泛着泪水。

"如果把你的脸刮花了会怎么样？你还能继续留在那个圈子里吗？"

远藤的眼泪增多了，她的眼里充满着愤怒、恐惧、憎恨，显得无比黑暗。

"我不会杀你的，但是你应该和我一样，去见识见识地狱。"

我准备好美工刀，只见远藤拼命扭转着脑袋想要躲避。我抓起她染过的头发让她面向我，她的眼神里流露出憎恨。但是我身体里的感应线路似乎被切断了，什么也感觉不到。

她使劲扭头，我捏着她的耳朵，她每扭一下都会发出呻吟。

我感到呼吸困难，于是更用力地捏着她的耳朵。我想将自己的仇恨与悲哀分享给她。

"她在哪里？"

远藤喘着大气，刚才由于泪水而泛着光的瞳孔蒙上了一层纱，她的脸色苍白，不停地点头。

"不许叫。"

我拔出塞在她嘴里的抹布。

远藤像是解开了全身的束缚一般瘫倒下来，一种透明的液体滴到地上。当我发现那是通过她的下巴流下的眼泪时，吃了一惊，心想原来这种家伙也会流泪啊。

"你太奇怪了！"

"和你们的行径相比，我根本没干什么。"

"开什么玩笑！"

"她在哪里？"

她的嘴唇继续颤抖着，牙齿也在打战，好像想忘记我的存在一般紧闭双眼。

当我再次拿出美工刀时，她终于开口道："知道了，我知道了。"

"她……"

"酒店，她一定在酒店里！"

"是那座废弃的酒店吗？"

"不，不是那个，是……"

她躲开了我的视线，咽了一口口水。于是我明白了她的意思。

"她在那个酒店里？"

记忆像泥沼一样渐渐地吞噬起我的身体。

铁质台阶上的脚步声、铁门响起的沉重声响、空调发出的低沉声音……我在那里度过了地狱般的时光。

"酒店在哪里？"

"大宫中心酒店，离杂货店很近。"

我闭上眼睛，开始在脑中描绘地图，想象那个地方：密密麻

麻的商业街、堵车长龙、满地生锈了的自行车。我想把这幅场景
与那天晚上实际看到的结合起来，可是怎么也做不到。

"为什么会选在那个地方……"

"具体的我也不清楚，我只知道姓赵的老头喜欢那里……"

"姓赵的？"我复述道，不带任何感情色彩，"是他把我……"

"欺骗、威胁，这些事最近都是加奈子在做。虽然我知道总
有一天自己会得到惩罚，只是没想到，那个人竟然是你……"

我拿起靠在墙壁上的球棍，远藤用空洞的眼神看着我。

"你打算杀了我？"

我用手拨开散落一地的化妆品、首饰，捡起了一包白色粉
末。包装袋上印着几个黑色文字：γ－羟基丁酸 GHB。

"这是什么？"

远藤用试探性的眼神看着我。

"是安眠药。"

我打开包装，把鼻子凑过去，有股波子汽水的甜味。我打开
水龙头，随手拿起一只杯子盛满水，把药和杯子一起递给她。

"不想死的话，喝了它！"

"什么？"

"趁我还没改变主意之前快点喝！"

她看看我，再看看药，伸出双手接了过去。她的表情看上去
很绝望。

她盯着杯子里的水看了一会儿，然后下定决心似的把一袋药
全部倒进嘴里。药似乎很难吃，她锁紧眉头喝起水。

听到她喉咙里发出咕咚一声，我又从地上捡起一袋递给她。

"一袋已经足够了。"

我摇摇头。

"再给我杯水，这玩意儿很咸，很难吃。"

我接过杯子，打开水龙头。

待她喝完两袋药，我又递给她一袋。

"还来？"她擦着额头的汗问道，我点点头，"如果再这样下去的话……"

"快点！"

远藤放弃了抵抗，缓缓地摇摇头，一把抢过我手中的药粉，像演戏似的把药倒进嘴里，咕咚咕咚地喝下，然后强忍住一个嗝。

"这下你满意了吧？"

"嗯。"

"绝对超量了。"

"你能替我杀了加奈子吗？"

喝完药之后不久，她如此问我。

"自从她来了以后，气氛完全变了，变得令人害怕。大家都只看得见她，只议论她，认为她所做的一切都是对的。连栋方也这样，所有的人都被她给迷住了。"

"……"

"你为什么会对加奈子如此紧追不舍？"

"我也不知道。"

"请你一定要……杀了她。"

她整个人靠着墙倒了下去，以她脑袋撞击地板的气势来看，应该不是装出来的。

房内才安静了一小会儿，就听到她发出的鼾声。我对远藤的印象开始发生了转变。她就像一个等不到父母回家而倒头就睡的孩子，也像一个做着噩梦多愁善感的小女孩。

我把美工刀贴在她的脸上，用刀尖划破皮肤。

为什么要这么做呢？我明明可以丢下熟睡的她离开这里的。但是我忍不住。我并不打算杀了她，但是我一定要把囤积在心中的黑暗分给她一些。

说不定这点程度的伤害根本不会毁了她的生活。他们的团结程度也许远远比我想象的要高，破相根本不会减少他们的友谊。而且伤口也能治好。可我就是想试一试，怎么也忍不住。

我不禁开始想象她今后的生活。不知醒来的她会作何感想？会不会和我一样心中充满悲伤与仇恨，痛苦万分呢？那些家伙会不会向她投去犹豫的目光？还是明目张胆地拒绝她？无论过程怎样，我只希望他们的友谊和爱能冷却，让她尝尝孤独的滋味。我一边在水槽洗着手，一边幻想着。

不仅是她，最好这个世界上的所有人都能缺胳膊少腿地被放逐到外太空。

不知道是她先醒来，还是她的妈妈先回家。不管是谁先看到，都会吃惊吧，或许会吓昏过去。我突然想起自己的父母，心中隐隐作痛。

我把抹布放在她脸上，打开门走了出去。我听着远处传来的卡车声，深深地吸了口夜晚的空气。

21

藤岛不知道自己是睡着了，还是一直处于幻觉之中，只知道时间在不停地流逝。晚霞消失了，房间被黑暗所包围。藤岛的意识像融化的芝士一般，既没有憎恨感也没有焦躁感，只觉得自己身陷于香甜的感觉中。藤岛想，如果镇痛剂的量能再多点就好了。

此时的藤岛觉得，只要能在幻觉中见到加奈子和桐子即可。这样他便能够从自杀身亡的小山内、小山内妻子、便利店遇害的三个人、长野的亡灵中逃脱了。

藤岛把嘴巴贴在枕头上喊了起来。他无法从那些人的阴影中逃脱，他逃脱不了。

藤岛拔下导尿管和输液管，用习惯了黑暗的眼睛看了看墙上的钟，现在是凌晨 12 点半。藤岛起身下床，不料膝盖完全使不上劲，好几次他都用手勉强撑住地板。那套运动装被放在角落的筐子里，上面沾满泥土和血迹。藤岛就这样穿上，还没干透的汗水贴在身体上，他闻到泥土和血的味道。藤岛摸了摸口袋，里面什么都没有。

藤岛蹒跚地走向门口，昏暗的走廊上，紧急通道的绿色指示灯亮着。藤岛仔细倾听，并且趴在地上从门缝中观察走廊上的情况。外面应该没有人，他拉开门，门外只有两把折叠椅。藤岛听到远处的值班室里传来男男女女的声音，他们说着笑着。

"要监视就给我好好监视！"

藤岛关上门，回到房里。他打开窗，向下看了看。这里是三楼，离地面不是很高，下方是砖砌成的花坛。

藤岛把被子搬到窗边，扔了下去。被子落在花坛上，藤岛再把枕头扔下去，最后又把床垫给扔了下去。每次搬东西，锁骨都会感到异常疼痛，被固定带绑住的侧腹出了许多汗。藤岛做成了一个缓冲垫，期间他不断回头确认后方，幸好没有人进来。

藤岛向楼下看去，褐色的花坛上堆着白色的被子。可能是由于镇痛剂的缘故，藤岛感觉麻木，他跳了下去。

他的脚先着地，落在缓冲垫上。冲击比想象中的小，不过屁股不小心撞到了砖上，他咽下了呼之欲出的呻吟声。藤岛紧抓被子忍住疼。

藤岛被湿漉漉的夜间空气所包围，一抬头，看见屋顶上的医院名称，终于明白了自己身处何地。是东大宫，旁边就是第二工业道路的高架。

藤岛向着 JR 车站走了起来，他沿着没有人、连路灯都没有的轨道走着。每次抬腿，他都能感到伤痛和骨头发出的响声。

过了运营时间、一片漆黑的大宫站前停着好几辆出租车。出租车司机用怪异的神色看着衣着破烂、浑身是绷带的藤岛，藤岛毫不理会地坐了上去。

藤岛的目的地是大宫站东口银座街上的杂居楼。司机听了以后表情有些僵硬，因为那里是石丸组总部的事务所。沿途与好几辆警车擦肩而过，不知道他们是不是在搜寻自己。

大宫站的东南侧，霓虹闪烁的闹市区银座也已经安静了下来，路上堆得像山一样的垃圾袋被乌鸦啄得乱七八糟。过了银座，来到一条酒店街，出租车停下。这是一栋没什么特征的杂居楼，藤岛让出租车在楼下等着，自己上了楼。门口有好几台监视器，藤岛敲响铁门，按下对讲机。

"我是藤岛，让我见咲山。"

过了一会儿，门锁打开，铁门开了，一个穿着卡其色战斗服的年轻人向藤岛点头示意。

尽管现在是深夜，事务所里还是有大量的男人。到处都是人体的热气和洗麻将牌的声音，香烟和酒精让空气变得浑浊。咲山坐在中央，脚跷在桌子上，单手拿着酒杯，心不在焉地看着天花板。他注意到藤岛，吹了下口哨。

"警察先生，你还真顽强啊。"

"我逃出来了，从医院的窗口。"

"哦。"

"难道你以为我会成为他们的狗吗？"

咲山张望着藤岛破破烂烂的衣服和浑身的绷带。他翘起嘴角微笑道："没有，你来得正好。"

咲山给藤岛一支烟，藤岛拿起桌上的打火机点火。

"听说小山内死了？"

藤岛点点头。

咲山继续说："他说了你女儿的下落了吗？"

"他似乎不知道，我还没问清楚他就自杀了。"

"也就是说，你女儿或许还在四处逃窜。"

"姓赵的和小山内的同伙怎么样了？"

"多亏了你，他们变得很好收拾。"

咲山高举手中的酒杯，他叫人又拿来一个杯子，给藤岛倒上威士忌。

"小山内的同伙们得知小山内被警察逼得自杀之后都很害怕，他们原本和姓赵的一起躲在茗荷谷的公寓里，后来干脆丢下姓赵的逃了出来。我手下的年轻人抓住了他们，所以我很轻易地就拿到了姓赵的房间的钥匙。"

"是哪些人？"

"小山内没有告诉你吗？和你一样曾经是警察，后来失了业变成乞丐，是小山内收留了他们。"

"他们……"

"我帮你问了，他们的确在找你的女儿，他们打算一找到就活埋了她。我逼问了他们很久，也没套出你女儿的下落，应该是不知道吧。"

藤岛深深地叹了口气。

咲山继续道："我们的部队马上就要进攻姓赵的大本营了。"

藤岛握紧拳头，好像自己也成了亡命之徒。不，并不是好像。自从侵入了加奈子的房间之后，自己就已经脱离了正常的生活。

咲山把脚放下，站了起来。

"我也对你的女儿很感兴趣。来，还有时间，我带你去见一个人。"

"谁？"

"当然是认识你女儿的人。"

藤岛跟在摇摇晃晃的咲山后面，穿过那些男人，走出了事务所。他们往上走，打开了楼上的门，房里一片漆黑。咲山打开门口的开关，荧光灯发出了寒光。

房间很小，空荡荡的，没有家具和装饰品，连地板也没有，只有光秃秃的混凝土地。窗上钉着三合板，外面的光线一丝也透不进来。房间中央摆着一张椅子，上面坐着个男人，男人双手被反绑在身后。

这个年轻男人剃了个光头，藤岛花了好长时间才发现他就是启示录的栋方。他的脸型完全变了，皮肤上有多处伤。

"喂！"

咲山踢了椅子一脚。栋方缓缓地抬起头，他的眼角结着痂。栋方呆滞地看着面前的两个人。

"老大……"

咲山拿起墙壁上的内线电话，让楼下的人送杯水上来。不久就有人来敲门，一个年轻人行了个礼递上一瓶矿泉水。

"给他松绑。"

咲山命令年轻人。年轻人给栋方解开了钢丝，栋方瘫在地上，抓住丢过来的矿泉水瓶，拼命地喝起来。他边喝边呛，吐了好几口。

"为什么要背叛我们？"

"老大……"

"是为了钱？"

"不是。"

"为了女人？"

"不是，我只是不喜欢黑社会而已……"

咲山夸张地耸耸肩看着藤岛。

"怎么样，觉得这家伙很厚颜无耻吧？"

"我只是想享受疯狂的气氛，被你们玩弄于股掌之中简直无聊得要命！"

"看来你不打算道歉？"

栋方缓缓地摇摇头。

"原来如此。"

藤岛看见咲山的眼里似乎闪过了一丝什么。咲山点着烟，靠在墙上，似乎已经对栋方失去了兴趣。

"你找到加奈子了吗？"

栋方看向藤岛。

"没有。"

"嗯，我想加奈子是不会那么容易被找到的。"

"你知道她的下落？"

"不知道，我把所有可能的地方都找遍了。"

栋方仰头躺着，用空虚的瞳孔看着天花板。藤岛把脸靠过去。

"告诉我，为什么加奈子会变成这样？她以前不是这样的，为什么和你在一起之后变成了这样？"

藤岛满嘴的谎言。他根本不了解加奈子，从前不了解，现在也不了解。但是他必须这么说。

栋方的嘴里间歇地吐着气，他按着肋骨，忍着疼笑了。

"原来你到最后也还是一无所知啊！加奈子就是加奈子，她根本就没有变。"

藤岛狠狠地盯着栋方看，栋方撇了撇嘴。

"我们被她害死了。"

"为什么？为什么她会和你们在一起？为什么她背叛了你和赵？"

"背叛？不对哦，她从一开始，就打算让我们上她的圈套。"

"什么？"

"其实我早就知道了，不过我们可是启示录哦！我想她一个女人能干出什么，是我太低估了她。"

"告诉我，我女儿到底……"

"你知道绪方吧？"

"嗯，他是我女儿以前的男朋友。"

"是我们杀了他。"

"你说什么？"

"那美把他邀请来，我们给他喝酒灌药，然后让他受到赵的凌辱。还一直威胁他，于是他就上吊自杀了。"

藤岛的脑中浮现出好几张照片。

"加奈子知道吗？"

"大家都知道。有次远藤自己喝多了，滔滔不绝地告诉别人。"

"为了报仇，加奈子才去讨好那个姓赵的？"

"不仅姓赵的，还有那美和我们。"

藤岛感到眼前一片黑，骨折的锁骨和头上的伤开始作痛。

"那美在两年前死了，由于被一个受加奈子蛊惑的男孩子袭击。那美本来就有毒瘾，后来闷在家里导致毒瘾越来越厉害，加奈子一直在免费供应给她。最后那美卧轨死了。"

"被加奈子蛊惑的男孩子……"

"他叫濑冈尚人。和绪方一样，先被我们下药，然后让赵凌辱了一番。结果他勃然大怒，袭击了那美和加奈子。"

"加奈子是怎么做的？"

室温很高，藤岛擦了擦汗。

"加奈子当然不会放过他。当时我们也被加奈子迷住了，每个人都想接近她。在不知不觉中，连赵都离不开她了。议员、有钱人、干部，这个城市中有头有脸的人物们都等加奈子去给他们下套。"

栋方用红肿的眼睛看着藤岛，瞳孔中充满了寂寞，像在惋惜一场刚刚结束的宴会。

"所有的事情都如她所愿，那美死了，我们也内讧散伙了。"

咲山插了一句："姓赵的也完蛋了。"

栋方接着说："加奈子完成了她的复仇，她是为了复仇才活到今天的。"

藤岛感觉鼻子一酸，他很难相信栋方说的这些。虽然无法相信，不过谜底总算解开了，自己总算离加奈子近了一步。父亲对女儿的爱和心疼就快撕碎了他的心。和绪方在一起的加奈子，一直露出可爱的笑容，这种笑容藤岛一次也没见过。

藤岛想起加奈子班主任的话："表示悼念，并不仅仅只有哭泣这一种方式……我觉得她是在责备自己，比任何人都更为严厉地责备自己。我们都试图慢慢从悲伤中解脱出来，而她却相反，连回归平常的生活都是她不认可的。"

当加奈子得知了绪方的死讯之后，是怎么想的？当得知是谁害死了绪方之后，是何种感受？藤岛双手掩面，觉得加奈子太无情了。她竟然为了报仇不惜牺牲自己。她服用兴奋剂，利用栋方这样的不良少年，对阻碍她的人毫不手软。

藤岛想象了一下此时此刻的加奈子。她突然销声匿迹，不让任何人找到自己，或许现在正在某处举杯欢庆呢，又或许正在向消失于天际的绪方祈祷。

她的复仇计划即将完成，之后她会怎么做呢？她今后的路还很长，她还有未来。藤岛真想见见她，真想保护她。投身于那种世界的女儿让藤岛感到万分可怜。

栋方盯着发愁的藤岛看。

"你见过我父母了吧？"

藤岛点点头。

栋方接着问："怎么样？"

"什么怎么样？"

"我妈化着厚厚的妆，这么热的天还穿着长袖，原因一目了然吧？"

"你……"

"她浑身是伤，脸上都是淤青。只要我不在马上就那样。"

"……"

"我爸有病，他只要一喝酒，就不分青红皂白。我妈很蠢，一味地忍受，逃过几次，但是马上又回家了。我也被他打过，小时候他经常用扳手打我，罚我在车库跪下。"

栋方咧开嘴笑。

"她选择的是绪方，不过我和加奈子才是同一类人。"

"等一下……"

"我曾经问过加奈子，为什么想让自己的朋友染上毒瘾，为什么一直那么冷静。"

藤岛想捂住耳朵，可是一只手打着石膏，无法够到耳朵。脸上失去了笑容的栋方用炯炯的目光盯着藤岛看，眼中带着憎恨与轻蔑。

"她说过，对于身陷于禁忌的人而言，没有禁忌，也不会害怕，不会怜悯。"

"闭嘴！"

"她说自己的第一次是……"

藤岛发出一声悲鸣：

"骗人！骗人！"藤岛把头转向后面的咲山，"这个家伙说的都是假的！"

突然，墙上的内线电话响了，咲山接了起来，对话很简单。"是我。哦，知道了。"咲山推了推藤岛的肩膀。

"到时间了，走吧。"

藤岛站了起来，同时感到一阵晕眩和疼痛。栋方依旧盯着藤岛，藤岛用湿润的眼睛也盯着栋方。

咲山瞥了一眼藤岛后打开门，站在门口说道："快从这里消失！听好了，再被我见到就活埋了你！"

栋方发疯了似的笑起来，笑声回响在房间里。咲山头也不回地走了出去。藤岛却迟迟难以移步——他想让这个少年永远闭嘴。

三年前 12

看到实景，我想起自己确实来过这里。

可能是由于附近有通宵营业的居酒屋，这里有一股食物煮烂、沉淀的下水道一样的臭味。铁制台阶和白色的墙壁，这些我都有印象。我甚至能回忆起自己手脚悬空的感觉。

拒绝想起的记忆也苏醒了，我的内心已经千疮百孔。我俯视着这一带的深夜模样。现在是凌晨三点半，再过不到一个小时，天空即将泛白。我祈祷时间过得慢一些，能够再让我在黑暗中行走一段时间。

我从大宫中心酒店的紧急楼梯中取出金属的棒球棍。我后悔了，应该从正门侵入的。因为我从大门口看了一下酒店前台，发现一个人也没有。

我打开顶层的铁门，门发出轻微的响声。我很吃惊，这扇门竟然没有上锁。室内铺着深红色的地毯，自动贩卖机发出嗡嗡声。我竖起耳朵，走了进去。好几个房间里面都没有声音。

我的脚步自然而然地移动着，像是受到了谁的召唤一样。不，是因为我记住了这里，这个噩梦般的地方。我在房门号为911的门前停下了脚步，我的心跳得很快，甚至有些痛。那个夜晚的情景浮现在脑中。就是在这里，我被黑暗给吞噬了。

她没有理由在这里。但是我坚信，她在这里，在这个房间里等我。我将手搭在门把手上，轻轻地舒了口气，同时扭动把手。门才开了一条缝，里面就传来一个声音。

"进来吧。"

尽管声音有一大半被门给隔断了，不过我不会听错。我把棒球棍拿在胸前，推开门，手腕感到很大的反弹力。门虽然被刷成褐色像木头一样，不过确实是铁质的，而且很厚。

她在房里，穿着白色衬衫和黑色马甲。这副打扮很适合她。一股无法言喻的苦闷感涌上我的心头。

橘色的昏暗灯光，加上足够摔跤比赛的大床。没错，记忆的洪流涌向我。

"只有这个房间不是自动锁，因为经常有人出入。这里似乎是那个男人的私人房间，隔音很好，外面听不到里面的叫声和动静。"

她没有变，优美的身段和雪白的脸颊。她和以前一样，毫无顾忌地盯着我看。

"我知道自己不应该来，因为你一定会找到这里。"

是我变了，我活在一个崩坏的世界里。我拖着即将烧焦的身体，一心期盼着破坏与死亡。我感觉喉咙里和胸口被什么堵上了，我的下巴颤抖，鼻子也塞住了。光是看到她在我面前，我就快要哭出来了。我明明有说不完的话想对她说，却一个字也说不出。

她继续说道："你的速度还真快。"

我的心头一紧，我明明已经预料到了，却还是悲伤得无法呼吸。

"你是不是又在给我下套？"

她面无表情，不作回答。我忍受不住，移开了视线。

"我开始有些理解你了。"

"是吗？"

我锁上门，插上门链。希望这扇门永远不要被打开。

"一直以来，你的眼中只有绪方。"

我慢慢靠近她，不过她只是一动不动地站着。

我继续说："他们杀了绪方，所以你发誓……"

我挥起棒球棍，指向她的胸口。我有种触碰了禁忌的感觉。

"你发誓，一定要向他们报仇，让姓赵的和启示录毁灭。为此你不惜任何代价。"

我在池袋站前见过她和绪方在一起，当时她的笑容美得惊人。现在想想，那是一种非常幸福的表情。

"一直以来，我都很喜欢你。"

我终于说出了这句话，曾经在屋顶上、公园里就想说的话。不，应该是更早。或许我只是为了说这句话，才活到今天的。

我把棒球棍举过头顶。我自身的矛盾举动让我感觉快要疯了。

"我什么都愿意为你做，因为你救了我。"

她没有表现出一丝恐惧，她的表情里连厌恶与轻视也没有。疯狂的感觉在我体内蠢蠢欲动，无论她怎么看待我都无所谓，我只希望存在于她的心中。

"我到底哪里比不上绪方？"

这是一直存在于我心底的疑问。对我而言最大的敌人是那个被大家欺负、掉入陷阱、最终选择自杀的未成年少男。

她静静地回答："他和我是同一种人。"

她只说了这么一句，我不明白其中的含义。但是我发现她没有看着在她面前的我。

是她让我知道，绝望中的希望之光是多么的耀眼。

她陷害了我，她使用魔法，把我从人类变成了牲畜。

我头上的棒球棍抖了抖……让她尝尝我经历过的黑暗。

她抬起了头，她的名字叫藤岛加奈子。她十分漂亮，细长的眉毛、像白人似的浅色瞳孔、消瘦的脸庞、尖尖的下巴、苗条的身材。她比我还高，简直不敢相信她和我同岁。我手臂上的肌肉僵硬，我有些踉踉跄跄的。

我的身体越来越软，最后跪在了地毯上。她静静地看着我。没错，我想起来了，我只是想一直看着她如同宝石般的瞳孔，我无法做到去伤害她。

她把细长的手臂伸向我，我扔下棒球棍，拉住她的手。她的身上发出淡淡的红酒味。没错，我想一直闻着这股味道。我抬头看着她说："我们逃走吧。"

随便哪里都可以，她不再理睬我也无所谓。就算她陷害我、诱骗我也好。

因为我知道，只要有她在，这个支离破碎的世界里也会有阳光照进来。

她缓缓地摇摇头。

"不行。"

"是吗？"

我一早就知道她的答案了，也知道她一直都是如此的坚强，更知道她已经无法自拔了。我再怎么渴求，也无法触碰到她的内心。我打算微笑一下，可是心里感到一种快要将我撕碎的疼痛，真想狠狠地喊出来。

我听到转动门锁的声音，同时门开了。门链起到了作用，房间里的空气随着这股冲击震荡了起来。我握紧棒球棍，让她离门口远一点。

　　一把钳子从门缝里伸了进来，夹住门链，简单地切断了链条。门像装了弹簧似的一下子打开了。

　　一个男人走了进来，他既不是赵，也不是栋方。

　　他是个瘦弱的中年男人，头发稀薄，戴着一副学者般的土气眼镜。他穿着皱巴巴的白衬衫和西装裤，看上去很寒酸，不过很符合死神的形象。他的右手被腿遮住了，看不清拿着什么。男人瞥了我一眼，像在怜悯似的歪着脸。

　　"让开！"

　　我必须把她带出这个受诅咒的地方。

　　突然，那个男人举起右手上拿着的黑色的东西。那个东西有个孔，里面暗藏着黑暗。

　　从黑暗中发出一道白色的线条，我听到一声轰鸣声，胸口吃了滚烫的一击。时间开始变得缓慢，我的脚离开了地面，视野中的男人消失了，转而出现的是天花板。

　　我背着地摔倒了，好像落在了水塘中，背后湿湿的。我想站起来，可是怎么也站不起来。冰冻的疼痛感从胸口扩散至全身，力量完全消失了。

　　男人低头看着我，用他累极了的凹陷的眼睛。

　　他把黑色的东西对准我的脸。

　　"等一下。"

　　她推开那把枪，男人后退了几步，她靠了过来，蹲下身子，用纤细的手臂抱住我的头。

"……藤岛。"

我几乎发不出声音。

她把脸贴过来，长发盖住了我的脸，现在是我们两个人的世界。我麻木了的心，开始起了波动。

她美丽的瞳孔湿润了，我看到她从未有过的悲伤表情。

够了，我微笑了一下，我已经很满足了。我一直看着她，直到眼前越来越黑。

她的唇贴上我的唇。

她一直保持着这个动作，当我的感觉越来越模糊，眼前越来越黑，她都这样温柔地包裹着我。

22

"怎么了？都这么晚了。"

"桐子……告诉我。"

"你在哭？"

"你一定知道的。"

"知道什么？"

"当然是我和我们女儿的事情。"

"你和我们女儿……"

"别装傻！"

"你和我们女儿……"

"别装傻，你一定知道的！你在知情的情况下，抛弃了我们！"

"你到底在说什么？"

"我不说你不肯承认是吗？一定要我把所有的事都说出来吗？"

"等一下，慢着。"

"有一次我喝醉了，你不在家，只有女儿一个人。我丧心病狂，然后……"

"住嘴！"

"……你是知道的吧？你一定是知道的！"

"就算知道，我又能怎么样呢？"

"你明明知道，却抛弃了我们！"

"你让我如何可以忍受这一切！"

大家严肃地整理着事务所，看来绑架姓赵的行动成功了。

打着麻将的男人们整理行装，年轻人开着车离开了事务所。这间房里一大半的人都会出动吧。他们并没有穿得像黑社会一样。

有人戴着帽子、系着皮带，有人拿着鱼竿包，还有人穿着宽松的工作裤和工作服。他们扮成了钓鱼人与工作人员。有个年轻人对藤岛行了个礼，递上一套衣服——印着钓鱼用具牌子的衬衫和背心，再加上防水的尼龙裤。藤岛扔掉运动衫，换上了衣服。衬衫的袖子很长，裤子的腰围大了，藤岛用皮带固定住。这套衣服基本和自己穿的一样大。最近这段时间的苦战让藤岛变瘦、变小了。

和姓赵的见面能否给这场无尽的战役画上休止符呢？能不能见到加奈子呢？这一切都是未知数。不过藤岛必须行动起来。

走出事务所，有两辆白色的旅行车等在门口。藤岛坐上其中一辆，伪装成钓鱼人的男人们一句话也没和藤岛说。

车子开了很久。先从16号国道开到川越，然后上关越高速公路，往北30分钟，在花园出口下去。见面地点似乎是在秩父的山里。听说咲山的小弟在秩父的山里有一座工业废物处理站。车子在140号国道向东南前进，道路终于变得弯弯曲曲，景色被黑漆漆的群山遮蔽了。从窗口吹进来的风凉凉的。

秩父市再往南走，快到与山梨县接壤的地方，车子驶离县道，开上了泥土地。被卡车轮胎滚结实了的道路，终于到了像是处理站的地方——周围被一圈铁丝网围着。处理站中塑料袋的碎片随风飘舞，满地都是被压扁的金属与塑料。已经有一辆车先到了，是几天前咲山坐的君爵，和处理站的荒凉氛围完全不搭。

车停了，藤岛打开拉门走了下去。他闻到一股下水道的臭味。接着男人们一个个下车，无论怎么打扮成钓鱼人或工作人员，他们身上的危险气息是无法掩盖住的。

在处理站的垃圾山上，站着几个男人。咲山把头转向垃圾山，山上的男人们立刻向咲山低头示意。从旅行车上下来的男人们分散在垃圾站的入口，守着大门。藤岛随着咲山登上垃圾山。藤岛踏着混在土里的碎玻璃片，土里还时不时地会渗出不明液体。

在山上，打扮成工作人员的男人中，有一个老年人被手铐反扣着，跪在地上。老年人穿着白色背心和格子的紧身短裤。染得乌黑的大背头散开了，显得很凌乱。那副样子毫无威严可言，只让人觉得特别寒酸。是因为山上的冷空气，还是因为害怕，老年人的嘴唇发紫，身体不住地颤抖着。他强健的脸颊上能看见白色的泪痕。这个男人就是赵。藤岛凝视着他走了过去。加奈子就是为了和这个男人一战，而赌上了自己的人生吗？藤岛感到胸口升起一阵怒火，呼吸急促了起来。

老年人看上去一表人才，脸和额头都很大，胖而结实的胸和侧腹快把背心给撑破了。如果他穿戴得体的话，一定看上去是个有头有脸的人物。不过他现在身边既没有下属，也没有披金戴银。他露出小腿跪在垃圾山上的样子很惹人怜。藤岛感到很失落，这个男人似乎没有复仇的价值。

　　藤岛努力让自己亢奋起来。这个男人让藤岛亲眼见到许多尸体，让藤岛做了无数个噩梦，让女儿疯狂，并且还打算杀了女儿。无论哪一宗，都是致命罪。

　　扮成钓鱼人的咲山打开鱼竿包，拿出一支美国警察用的霰弹枪，枪托和护木都是木制的。咲山摸着口袋，拿出一颗子弹，熟练地装入枪身。

　　"有两发足够了吧？"

　　咲山漫不经心地把枪交给藤岛，藤岛像是中了邪似的接了过来。赵充血的眼球突然瞪大了，藤岛滑动护木，枪身传来咔嚓的金属声和手感。咲山看了眼藤岛，藤岛点点头表示没问题，接下来只需扣动扳机了。

　　"等、等一下。"赵用粗厚的声音申诉道，"等一下！"

　　咲山点了支烟。

　　"警察先生，快点动手吧，天亮了可就杀不了了哦。"

　　藤岛架起霰弹枪，把手上有火药味。藤岛把枪口对准他的头，距离不到一米，不可能会打偏。赵发出一声惨叫，他用膝盖蹭了几下地面后摔倒了。围着赵的男人把他扶正，不过赵依旧躲着枪口，企图向男人那里靠。

　　藤岛依旧用枪指着赵的脑袋。

"喂，回答我几个问题，答得好就饶你一命。"

正在痛苦挣扎的赵停下了动作，他用通红的眼睛看着藤岛，瞳孔中全是恐惧与惊愕。不过隐藏在其深处的盘算隐约可见。

藤岛笑了笑，眼中燃起怒火。

"我是谁？"

赵用一副不明所以的表情盯着藤岛看，拼命思考，最后还是不明白，干脆死了心。藤岛的怒火更旺了，这个家伙竟然不知道自己！

"都是因为你……"

藤岛把霰弹枪对着天空，男人们的表情一变。藤岛不介意，继续说道："你真的认不出我，还是在装傻？"藤岛像在说梦话一般。

"我是藤岛加奈子的父亲，现在知道了吗？"

赵没有露出惊讶之色，藤岛觉得更生气了。

"我是谁？"藤岛加强了语气问道。

"藤岛加奈子的……父亲。"

"你打算杀了我的女儿加奈子，还是已经杀了？回答！"

"我没有杀。"

"但是你打算杀了她，没错吧？"

"我没有杀。"

"她和普通人不一样，无论用多少把枪对着她都没用，无论你杀多少人，都动不了她一根寒毛。我说的没错吧？"

"嗯，没错，的确是这样。"

赵迎合地点点头，他咽了好几口口水，用看疯子一样的眼神看着藤岛。藤岛握着枪的手心渗出汗，扣在扳机上的手指僵硬了。

"你做梦吗？"

"做梦？"赵恢复了镇静，他盯着藤岛企图了解这个问题的含义，"有时候会做。"

男人们的眼神变得尖锐起来，只有咲山依旧悠哉地抽着烟。

"我也会做，我做的是特别恐怖的噩梦。我每次都正巧在你杀人的现场。我大概一辈子都会做这些噩梦，全都是你的错。"

"所以……"

"闭嘴！你再回答我，我女儿为什么要背叛你？"

赵的表情中已经没有了恐惧，取而代之的是憎恨与屈辱。

"不是……"

"你一定很不甘心吧？被一个小姑娘给玩弄了。明明一直以来都风调雨顺的，没想到吧？"

"……"

"几年前有一个少年自杀了，还记得吗？"

赵终于露出了吃惊的神色。

藤岛继续说道："自杀的少年是加奈子的男朋友，明白了吗？"

赵张大了嘴巴。

藤岛接着说："很厉害吧？这是复仇！加奈子的目的是让你死！"

藤岛假装平静，想露出一个从容的微笑，不过他做不到。赵扭着身了喊道："住手！"

"什么？住什么手？"

"我知道，我知道的，你别开枪！"

"你知道什么？"

藤岛绝不想让别人看见自己的眼泪，他想保持坚强。

"当然是你的女儿，我知道她在哪里，她还没有死。"

"她在哪里？"

赵像狗一样湿润着眼眶，缓缓地摇起头。

"告诉你的话，你肯定马上就会杀了我。"

"她在哪里？"

赵环顾所有人的脸，说道："和我联手吧，我还知道一些惊天大秘密。"赵一边流着汗一边进行着热烈的演讲，"咲山，我把那个生意让给你们做。姑娘和客人的名单都给你们，酒店的房间也提供给你们。那个生意的赚头可大了，比你们现在的店要来钱快得多。无论你开多高的价格，都一定会有客人。"

男人们看着咲山，等他发话。咲山扔了香烟问藤岛："你怎么看？"

赵也看向藤岛。

"我没能抓到藤岛加奈子，只知道她在哪里。因为她太聪明了，如果连这次的机会也错过，也许就再也见不到她了。"

"你根本不知道我女儿在哪里！"

"我……"

"你的狗也不知道！所以你不可能知道！"

"我知道！我真的知道！"

藤岛摇摇头笑了起来，即使当刑警的那段时间，也没有获得过如此大的满足感。他感觉第一次和女儿统一战线了。

"无所谓，不管你知道也好，不知道也好，我女儿的愿望是让你死。"

"我……"

"她是我的女儿，所以她的愿望也是我的愿望。"

赵一脸严肃地站了起来，转过身子就跑。他越跑越远，男人们急得直蹬脚。到处都是怒吼声，藤岛扣下扳机，脑袋随之一震。在晃动的视野中，藤岛看见赵的左脚负伤了。赵失去了平衡，滚下垃圾山。尘埃、塑料袋、纸屑，以及黑黢黢的乌鸦一下子四散开来。硝烟刺痛了藤岛的眼睛，呛入气管。

藤岛穿过蜷缩身体躲开枪弹的男人们，跑下山，拉了一下枪身，弹壳落下。

赵抓着泥土和垃圾，扭着脖子，眼睛上像覆了一层油。

"救、救命……救救我……"

藤岛把霰弹枪对准赵的头。

"开枪！"咲山在山头上抖着一脸的肉吼道。男人们也吼起来。藤岛回头，由于旭日的光线看不清他们的表情，但是可以肯定他们的眼睛里闪烁着光辉。

赵低声说道："救我……把枪对准他们。不然的话，你也会死在这里。我愿意帮助你，帮你找女儿。"

赵嘶哑的声音听起来很甜，很悲伤。

"我给你房子，给你用不完的钱。"

"我不稀罕这些。"

"别骗人了……"

赵仿佛用尽了所有力气，躺在泥土上一动不动。他的脸色苍白，眼神空洞。

"我是一个父亲。"藤岛指着自己的胸口，"我是一个父亲！"

赵断断续续地喘着气，笑道："父亲？你果然和她说的一模一样。"

"什么？"

"为了得到她的欢心……我问了她好几次，要不要替她杀了两个不是人的父母，不过她不同意……她说自己并不生气，也不悲哀，一切都毫无意义。"

"……"

"她说，她不会对你们怎么样，因为她只当你们不存在……看也不看你们一眼……才是对你们最大的惩罚……"

藤岛扣下扳机，轰鸣声再次响起，驱散了乌鸦。

这幅光景他大概一辈子都忘不了。每天晚上赵的亡灵都会在梦中出现并折磨自己吧。但是藤岛很满足，这样就没有人再追捕加奈子了。

咲山和男人们从山上下来，检查着尸体的脊背与脚骨，最后满意地拍拍肚腩，叹了口气，"运走吧！"

男人们用蓝色塑料袋漂亮地包起赵的尸体，扛着铁锹，向处理站的后面走去。藤岛边看边问咲山："你不打算杀我吗？"

"杀你？为什么？"

"我知道得太多了。"

"是啊，你确实知道得太多了。不过我很喜欢你，父亲为女儿报仇的故事，真让人感动！警察先生，黑社会最佩服这种事了。"

晒着强烈的阳光，藤岛伫立着。他开始想加奈子，如果她真的藏身于某处的话，那么藤岛想尽快告诉她，为了救你、为了替你报仇，自己做了那么多事，希望你能知道。

她会不会原谅我？会不会认我这个父亲？会不会喊我一声"父亲"？会不会忘却罪孽，给我一个微笑？藤岛的心中冒出无数个问号，不安与希望交错涌现。

23

横滨的那个黑社会很奇怪。

名字叫沢渡组，和石丸组一样，属于印幡会旗下。咲山没有杀藤岛，他和藤岛碰过杯，成了兄弟，还让藤岛待在沢渡组里。

组织很小，一共才7个人，人群各异：有暴走族少年，也有穿着极其廉价的西装的上班族男人。

大致看来，组织里都是些沉默寡言的男人。老大是个矮瘦的老年人。藤岛去的那天，老大沢渡像低级旅店街的中介一样，敲着藤岛的身体给他定价。

"咲山给我的人，应该还不错吧。"

藤岛像从水深火热中逃出来了一样，过起了稳定的生活。

作为过渡，藤岛做起了赌马的黑赌场，管理20来个客人。接接电话、到了收款日去客人的公司清算。每一个都是大客户，给钱很爽快，没有任何纠纷。生活平静得甚至让藤岛感到无聊。

不知道其他成员是如何过活的，藤岛根本就没兴趣。男人们每天都无聊地打着麻将，看着漫画。他们一点也不忙，没必要伪装成知识分子，也没必要刻意举止优雅。

很意外的是，组织的资金周转并不坏。每晚，沢渡都会带上成员去高级俱乐部里玩。

　　藤岛打电话问咲山："这到底是怎么回事？"

　　"很不错吧？"

　　"全是些可怕的男人。"

　　"哦，原来你还没开窍啊。"

　　"什么意思？"

　　"你马上就会明白的，一定会喜欢上这种生活的。"

　　"……你那边怎么样？"

　　"都已经解决了。"

　　"那么我可以大摇大摆地出行了？"

　　"你有时间的话，随时都可以过来。你可要小心哦，想要逮住你的警察太多了。"

　　"我才不管呢，我会反咬他们一口。"

　　"不管怎样，你先习惯起来。总有一天我会让你到我这里来的。"

　　咲山笑了，就像把礼物递给孩子的父亲般。

　　每一天，藤岛都充满自信与希望地寻找女儿。在琦玉县，妻子组成了一个庞大的组织，展开搜寻加奈子的行动。只要走上街头，就会收到宣传单，上面印着加奈子和双亲一起拍的照片。

　　相反，县级警察却没怎么行动。便利店、高速公路的服务区都没有贴加奈子的照片。只有公安在秘密地调查，并没有开展大肆的搜查。

　　一个月以后，县级警察破获了那起便利店抢劫杀人案，抓获了 4 名非法入境的韩国人。据说是为金钱所困犯下的单纯案件。其实真正的幕后操控者是小山内。被赵操控的小山内和其余几个人由于自杀、事故、失踪而逃脱了罪行。不过杀死长野的犯人至今还不明。

尾　声

女人熄火下了车。由于寒流，又冷又干的风不断地打在她身上。在黑暗中，呼吸的白雾扩散开来。女人打开车子后门，拿出装着晚饭材料的超市袋。由于买了许多矿泉水，袋子的提手紧紧地陷入肉里。

"老师。"

突如其来的声音吓了她一跳。回头，看见公寓附近的一辆黑色越野车上下来一个男人，他穿着羽绒服和灰色的毛衣。是一个没见过的中年男人。他的头发剪得很短，眉间的皱纹凸起，眼睛细长而清秀。脸颊呈锐角，嘴唇很薄。容貌看上去有些刻薄，他正努力地向自己微笑。

"是东老师吧？"

"你是？"

"我是……"

男人递来一张名片，他是全国性报纸的记者。

"找我有什么事？"

"你认识藤岛加奈子吗？"

"嗯……"女人生硬地回答，"是我的学生，三年前的。"

"你知道她在今年夏天的时候失踪的事吗？"

"知道。"

"她至今依旧下落不明。"

"是啊，真不敢相信。"

"你知道吗，她的父亲在女儿失踪的几天之后也消失了。"

她吃惊地问道："是吗？不知道。"

"她父亲一直在寻找女儿加奈子，不过在寻找的途中消失了，他们两个人很有可能被卷入了某起案件中。"

"案件？"

女人不敢相信地摇摇头。

"你能不能告诉我一些有关藤岛加奈子的事情？"

这是第二次有人问她关于她美丽的学生的事情了。她看了看自己家里的窗户，没有亮灯，上小学的女儿应该还没回家。今天女儿要参加篮球队训练，所以会回来得比较晚。

"拜托了！不会耽误你太长时间的。"

男人向前走了一步，语言中有着一股震慑力。男人吐出的白色气息吹到女人的脸上。

真麻烦，而且感觉这个男人有些危险。

"拜托了！"

男人的态度很坚决，即使女人这次拒绝了他，他也一定还会再来的吧。

"我知道了，请进屋吧。"

"谢谢。"

她家是两室一厅，有些陈旧。她打开取暖火炉，在火炉上烧起水。然后打开被炉，让男人坐进去取暖。

"谢谢。"

男人的声音变得有些尖，女人觉得似曾相识。到底是在哪里听到过？

女人递出一杯咖啡，说起曾经说过的话。加奈子很优秀，毕业之后每年都会寄来明信片问候，很懂礼貌。男人边点头边记笔记。

"那还真奇怪，这么优秀的女孩怎么会失踪的？"

"是啊，很奇怪。"

"不过老师你知道吗，加奈子有一段时间和不良少年们混在一起，还使用兴奋剂。"

女人用力地点点头。

"我知道，但只不过是一段时间而已。当时她的男朋友死了，所以才迷失了自我。"

时针偏过 6 点。再过不到一个小时，女儿就回家了。女人有些紧张起来，希望男人快点回去。她不希望女儿听到这些对话，绝对不希望。

男人用笔盖挠了挠太阳穴，他皱起眉头，含糊地说道："那就和我调查的不太一致了。"

"什么意思？"

"加奈子一直没有离开不良少年团体，也一直在吸食兴奋剂。"

"不可能。"

"这种假设你看怎么样？上了高中的加奈子，从不良少年那里获取兴奋剂，然后卖给同学。"

她感觉从脚部开始，整个身体都僵住了。她不禁端详起眼前的这个男人。男人继续微笑着。

"不可能，我不相信。"

她终于察觉到这个男人是谁了。

"然后，她的关系网越来越大，组建起了一个庞大的组织。不仅是同学，还劝诱了许多年幼的少女加入——当然是用钱和药物。"

"够了，藤岛先生。"

笑容从男人的脸上消失了，他应该是整形了，和以前的样貌大为不同。

男人从包中拿出一个 A4 大小的信封，从信封中抽出一张照片。女人看到后，马上用手掌捂住脸。

"不要！"

男人用毫无感情的声调继续说："这是你的女儿。"

女人闭上眼，她不想看到照片。因为照片太讨厌，太可怕了。不过自己女儿的身影却清清楚楚地浮现在她脑中。

她的丈夫死了，但她坚信自己的家庭很和谐。女儿的成绩不差，在学校也没有被欺负。即使算不上品行端正，也是个有很多朋友的普通女孩。女儿喜欢篮球，也爱垃圾食品。

当时，如果手机没开，或是调成了静音该多好。是手机铃声打破了所有的平静。女人的脸色一下子变得苍白，她不记得给女儿买过手机，虽然女儿一直很想要。但是女人一直拒绝女儿，没有什么特别的意思，只是觉得女儿还小。

女人盘问女儿，是谁买给她的，每个月要花多少钱。女人边安抚，边柔和地威胁女儿。终于女儿说出了手机主人的名字，她叫藤岛加奈子，是女人曾经的学生。

"这是你的女儿吧？"

藤岛咬着牙齿，眉间的皱纹更厉害了。他不停挠着头，无力地把手支在桌子上。突然，他冷不防地从内侧袋里拿出一个黑色的东西。她知道那是一把枪。枪很长，枪口离她的额头很近。

女人显得非常冷静。她应该早已料到会有这么一天。充满黑暗的死亡之孔瞄准了她的双目之间。

某一天，网球部的练习结束得早，她把车停在加奈子上的预备学校旁。她早就想来了，虽然她知道自己不应该来找她，不应该了解这些事实。

加奈子上完课，从预备学校里走出来。她见到加奈子，感到无法言喻的痛苦。加奈子正在向着车站走去，女人终于鼓起勇气叫住了加奈子。加奈子微微挑起眉毛，投以一个微笑。这个微笑有些淘气，似乎表示知道自己的所作所为都已经败露了。

现在想想，当时应该进咖啡馆里谈的。如果在公共场合，至少能够控制住自己。

加奈子上了她的车，她们开在市区里。那天路上很堵，车子几乎开不动，他们就在车里谈了起来。

女人问："为什么给我女儿买了部手机？你替她付的钱？为什么要这么做？你不过也只是个高中生，怎么买得起？"她问得很直白，总之就是想知道为什么加奈子会接近自己的女儿。

加奈子丝毫不畏惧，她几乎没有说话。她和她父亲的做法一样，只是从信封里拿出一张照片。刚才的那一幕真有即视感。

女人突然发出一声惨叫，一种想吐的感觉令她天旋地转。她觉得今后再也不会有这么痛苦的经历了。

加奈子用科学家般的眼神对着呜咽的女人说："就是这么回事，老师。"

"这是什么？到底怎么回事？"

"别误会，我并没有强迫晶子这么做。"

女人浑身无力，面无表情地瘫软下来。即使是知道丈夫的噩耗时，她也没有受到这么大的打击。

"真的？"

加奈子的声音好像自动售货机和 ATM 机的合成音一样平静。

"你看照片，仔细看，老师。晶子有没有哭？有没有叫？这是她自己的选择。"

女人不得不按住太阳穴，不得不闭起眼睛。她什么都不想看见。

"只是因为我没有给她买手机？只是因为这样？"

女人像在祈求得到原谅一般。一瞬间，藤岛加奈子似乎显露出了自己的感情——既不是轻蔑，也不是亢奋，而是一种讥笑。

女人不知道自己是怎么开的，等回过神来时，已经在新都心建设中的楼与楼之间了。天色渐黑，周围既没有车也没有人。她没有打转向灯就停下了车。她靠在方向盘上，偷看着一旁的少女。

这名少女曾经是她的学生，在一起惨剧中，少女的男朋友自杀身亡。女人很同情少女，所以特别关心她。还多次邀请少女来自己的家中做客，女儿也很欢迎藤岛加奈子的来临，甚至把加奈子当成姐姐一般仰慕。

女人想，如果世间真有恶魔的话，外形一定像加奈子一般。人们受她蛊惑，最终走向毁灭。

女人的心脏就快停止跳动了，随后她的心头涌上一股怒火。

"把我的女儿还给我！"

"你女儿一直都是自由身。"

"别开玩笑了！为什么……为什么是我的女儿！她才几岁！"

藤岛加奈子表情严肃地回答："我知道啊，所以才邀请她的。"

"不允许你再接近我的女儿！"

"即使我不主动接近她，她也会联系我。"

女人的视线被泪水浸湿。

"别再接近我的女儿了！"

女人的意识模糊起来，她听到的加奈子的声音好像走调的磁带一般。

女人发出了惨叫声，她觉得自己倾注于女儿的爱似乎被全盘否定了。

"把女儿还给我！"

女人靠向副驾驶座，两手抓起加奈子的前襟，拼命摇晃。

"把女儿还给我！"记忆如同拨云见日般鲜明起来。

女人跨过手刹车，掐住了加奈子又细又白的脖子。

"让我女儿回到从前！"

藤岛加奈子把手放在女人的手上。

女人加大了力量，通过打网球锻炼出来的臂力给加奈子施加了莫大的压迫感。

"让我女儿回到从前！"

"我……"

藤岛加奈子也加大了力量。

不过那只是一瞬间而已，加奈子的手马上松了下来。

"让一切回到从前！"

女人已经不记得加奈子当时是怎样的表情了，眼泪扭曲了视线，她什么也看不清，什么都不记得了。

女人现在想想，如果当时加奈子求救，或者喊叫，或者求饶，又或者加大腕力的话，说不定自己能够清醒过来。

"够了……"

加奈子轻轻地说了句，身体一动不动，打算任由摆布。

"已经够了……"

这是加奈子说的最后一句话，她被掐着脖子的同时，双目始终望着远处。

"是你杀了我的女儿。"

男人用嘶哑的声音说道。枪口开始摇晃起来。

女人用手捂住嘴。

"我女儿的尸体在哪里？"

"你到底……"

"住嘴！我不打算听借口与谎言！"男人的语气斩钉截铁，甚至有一些疯狂。男人面向张口结舌的女人继续说道，"我偷偷调查你的车好几天了，从后备箱里找到了一根长长的头发。"

"不，那是……"

"那不是你的头发，也不是动物的毛发。我让过去的警察朋友用加奈子梳子上的头发鉴定过了，那就是加奈子的头发。"

顿时静寂笼罩着房间，只有时钟突兀地响着。

女人垂下头，闭着嘴。不知名的颤抖爬上背脊，她还不想死，不能死。

"你回答不上来？"男人失望地叹了口气，"够了，我在这里等到你回答为止。"

女人咽了口口水，抬起头。男人点了点头。

"你女儿就快回来了吧？看着我的脸！老师，到时候就不止你一个人偿命了。"

"你们真的疯了！"

"我女儿的尸体到底在哪里？"

女人深深地叹了口气，感受着坠入地狱般的感觉。

"请答应我一个请求。"

"你说。"

"请不要对我女儿下手。"

"好。"

女人说出了秩父的一座山的名字。

男人轻轻地点点头，将子弹上了膛。

"请答应我。"女人像突然想到了什么似的补充道，"我不想……"

死在这里。不想让女儿看见自己的尸体。

要是被女儿看见的话，一定……在女人开始想象之前，就停止了思考。

男人从车子后门拿出铁锹。山和树林已经是他看惯了的风景。藤岛驾驭着作为工作报酬所得的兰德酷路泽，在积雪很深的秩父的山间飞驰而过。道路的一边被雪所包围。

女人的回答或许是真的。不过即使是真的，想在这片山中找到她所说的地方也很难。即使出动几百个搜查员也未必找得到。

男人踏在雪上，像在接受着指引。

"我知道在哪里。"

藤岛向着站在雪海上的加奈子点头说道。随即想，也许只有自己这个父亲才能找到女儿。应该花不了多久，就能找到她的尸体了。

藤岛用手拨开无限雪海上的树枝，终于把铁锹插入雪中。

"是这里吧？"

她点点头，她还穿着夏天的服装。对她而言，酷暑依然持续着。

再会的日子终于来临——

藤岛用铁锹挖着雪，擦去热腾腾的汗水，向她祈祷。

让我见见真正的你吧，让我解开心头所有的困惑吧。

请你爱我……

请你原谅我……